한국외국어대학교 러시아연구소
HK 연구사업단 학술연구총서 23

# 민족의 모자이크, 유라시아

이 책은 한국연구재단의 지원을 받아 수행된 연구결과임(NRF-362-2009-1-B00005)

이 도서의 국립중앙도서관 출판예정도서목록(CIP)은 서지정보유통지원시스템 홈페이지(http://seoji.nl.go.kr)와
국가자료공동목록시스템(http://www.nl.go.kr/kolisnet)에서 이용하실 수 있습니다.
CIP제어번호: CIP2016019677(양장), CIP2016020036(반양장)

한국외국어대학교 러시아연구소
HK 연구사업단 학술연구총서 23

# 민족의 모자이크, 유라시아

김혜진 편저

한울
아카데미

유럽과 아시아를 하나의 대륙으로 보는 '유라시아' 개념은 최근 언론
을 비롯해 다양한 영역에서 더욱 자주 접할 수 있게 되었다. 유라시아는
고대 스키타이족, 훈족, 몽골족이 세운 유목제국의 지리적 배경이자, 여
러 민족의 문화가 발생하고 융합되며 발전했던 곳이었으며, 카라반
caravan이 오가며 동서 간 교역이 활발하게 이뤄진 곳이었다. 이렇듯 유
라시아는 오래전부터 역사적, 문화적으로 매력적인 대상이었다. 다른
한편으로 이곳은 세계열강들의 각축장이기도 했다. 19세기부터 20세기
초에는 영국과 러시아가 이곳의 주도권을 놓고 패권 다툼을 벌였으며,
오늘날에는 물류와 운송 네트워크, 카스피 해 에너지 개발 등 경제적인
가치가 부각되면서 세계 여러 나라의 주목을 받고 있다. 많은 젊은이와
여행자에게는 시베리아를 거쳐 유럽까지 갈 수 있는 흥미로운 경로이자
도전 정신을 불러일으키는 곳이기도 하다.

유라시아에는 중국, 몽골, 중앙아시아 등 다양한 나라가 포진해 있
다. 과거 유라시아에서 가장 큰 영토를 차지했던 나라는 소련이었다. 우
리에게 잘 알려져 있는 러시아, 우크라이나, 카자흐스탄, 우즈베키스탄
부터 일반 대중에게는 다소 생소할 수 있는 라트비아, 리투아니아, 조지
아, 아르메니아까지 15개 나라가 소련이라는 이름 아래 모여 있었다.
1991년 소련이 해체된 이후 포스트소비에트Post-Soviet 공간으로 불리는

이 지역은 여전히 유라시아에서 큰 축을 담당하고 있다. 이곳은 소비에트 체제의 유산이 남아 있는 동시에 다양한 민족의 독특한 문화가 숨 쉬고 있고, 각 나라가 저마다 내세우는 새로운 정체성이 뒤섞여 있는 공간이다.

최근 유라시아에 대한 관심이 늘어나면서 이 지역을 이해하는 관점도 다양해지고 있다. 어떤 이는 정치적, 경제적 시각으로 유라시아를 분석하기도 하고, 어떤 이는 이곳에서 새로운 여행지를 상상하기도 한다. 이 책은 유라시아의 민족에 초점을 맞춰 그들은 어떤 사람이고 어떤 문화를 가지고 있는지 이야기하려고 한다. 나라를 이루고 있는 민족들은 물론이고 자치주나 자치구와 같은 행정 체계를 갖추지 못한 소수민족까지 포함한다면, 유라시아 지역은 그야말로 '민족의 모자이크'라고 할 수 있다. 이 책은 수많은 민족 중 과거 소련을 구성했던 15개 나라의 주요 민족을 일반 대중에게 소개하는 목적에서 기획되었으며, 2015년 3월부터 8월까지 한국외국어대학교 러시아연구소가 네이버캐스트를 통해 발간한 글을 묶어 펴낸 것이다.

이 책은 각 민족의 기원과 역사, 전통 의식주, 의례, 토속신앙, 오늘날의 변화된 모습까지 다양한 측면을 아울러 보여주려고 했다. 또 지리적 영역을 중심으로 각 장을 편성해 유사한 자연환경과 역사, 문화적 요소를 공유하고 있는 민족들을 쉽게 비교하고 이해할 수 있도록 했다. I부에서는 유럽과 아시아의 경계에 있는 러시아인, 벨라루스인, 우크라이나인, 몰도바인을 소개하고 있다. 특히 앞의 세 민족은 동슬라브 민족이지만, 오늘날 러시아인과 우크라이나인은 형제민족이라는 말이 무색할 정도로 심각한 갈등 관계를 보인다. 이 장을 통해 이들의 역사적 뿌리와 전통문화의 유사성을 이해하는 동시에 각 민족의 각기 다른 발전 양상을 비교해볼 수 있을 것이다. II부에서는 발트 해 연안의 세 민족, 에스토니아인, 라트비아인, 리투아니아인을 소개한다. 우리나라와는 지리적으로 멀리 떨어진 탓에 낯설게 느껴질 수도 있지만, 에스토니아인이 만든 스카이프Skype, 라트비아와 리투아니아 출신의 뛰어난 예술가들을 떠올려보면 멀지만은 않은 민족임을 알 수 있을 것이다. III부는 유라시아를 논할 때 빼놓을 수 없는 중앙아시아의 다섯 민족인 카자흐인, 우즈베크인, 투르크멘인, 키르기스인, 타지크인을 다룬다. 이 장을 통해 보통 중앙아시아 민족으로 통합되어 불리기 일쑤인 이들 민족이 각각 얼마나 다양한 역사와 문화를 영유하고 있는지 볼 수 있을 것이다. IV부에서는 러시아와 이른바 중동 세계를 잇는 캅카스(또는 코카서스)의 세 민족인 조지아인, 아르메니아인, 아제르바이잔인에 관해 살펴본다. 그리스, 로마 신화와 성경에 언급될 정도로 오랜 역사를 지닌 이 지역 세 민족의 문화를 통해 고대 문명의 발자취를 느낄 수 있을 것이다.

이 책이 나오기까지 많은 분이 도와주셨다. 이 책의 집필에는 모두 아홉 명의 저자가 참여했다. 이미 훌륭한 원고를 주셨음에도 대중에게 더욱 쉽게 다가갈 수 있도록 수차례 수정을 요청해야만 했다. 원고 집필부터 여러 차례의 교정까지 긴 작업에 응해주신 저자들께 깊은 감사를 드린다. 더불어 다양한 문화에 대한 이해를 돕기 위해 현지에서 직접 촬영한 귀중한 사진을 흔쾌히 제공해주신 분들께도 감사의 말씀을 전한다. 아울러 이 책이 나올 수 있도록 도움을 주신 한국외국어대학교 러시아연구소 김현택 소장님과 연구진, 여러 번거로운 작업을 맡아준 조교들, 부족한 글을 받아 출판해주신 한울엠플러스(주)의 윤순현 차장님과 김진경 씨 이하 편집진에게 감사드린다. 끝으로 이 책이 유라시아 문화 공간을 더 깊이 이해하는 데 도움이 될 수 있기를 바란다.


2016년 8월
저자를 대표하여 김혜진

차례

머리말   4

## I. 유럽과 아시아 사이에서

## II. 발트 해의 작지만 강한 민족

# I.   유럽과 아시아 사이에서

러시아인은 유럽과 아시아 영토를 아우르는 세계에서 가장 큰 영토를 가진 민족이며, 벨라루스인은 유럽의 동쪽 끝에 사는 민족이다. 우크라이나인과 몰도바인 역시 유럽과 러시아 사이에서 살고 있다. 러시아인, 벨라루스인, 우크라이나인은 동슬라브 형제민족이라고 할 수 있으며, 몰도바인은 이들과는 다른 라틴 민족이지만 유사한 문화 요소를 공유하고 있다.

일러두기

1 러시아어의 한글 표기는 '국립국어원(http://www.korean.go.kr)'의 외래어 표기법을 따랐다. 단, 일반적으로 널리 알려져 쓰이는 용어는 통례에 따라 표기했다.

2 민족 명칭 표기는 러시아어를 기본으로 한다. 다만 러시아에서는 일반적으로 민족 명칭을 복수형으로 쓰지만, 이 책에서는 단수형을 사용했다.

3 각 원고는 다양한 자료를 복합적으로 사용했기 때문에 일일이 각주를 달지 않았음을 밝힌다. 참고한 자료들은 책의 '참고문헌'에서 찾아볼 수 있다.

4 각종 편집 기호와 참고문헌을 작성한 방식은 한국외국어대학교 러시아연구소의 학술지 『슬라브硏究』 편집 규정을 따랐다.

# 세계사적 변혁과 역경을 이겨낸 민족

# 러시아인

문준일

| | |
|---|---|
| ◆ 인구 | 111,016,896명 |
| | (2010년 러시아연방 인구조사 자료) |
| ◆ 위치 | 동유럽에서 북아시아에 걸쳐 있음 |
| ◆ 민족 구분 | 동슬라브 |
| ◆ 언어 | 러시아어 |
| ◆ 문화적 특징 | 경건한 정교 문화와 소비에트 문화의 혼합 |

세계에서 가장 넓은 국토를 가진 나라, 세계 최초로 사회주의 혁명에 성공하고 세계를 자본주의권과 사회주의권으로 양분시켰으며 한국전쟁을 경험한 세대에겐 '소련'이라는 국명으로 더 익숙한 러시아는 근대 이후 우리나라와 밀접한 역사적 경험을 맺고 있다. 1991년 소련 붕괴 이후 러시아연방Russian Federation으로 재출범하고 전환기의 격동을 지나 이제는 새로운 도약의 발돋움을 하고 있다.

## 비슷하지만 다른 두 단어, 러시아인 vs 러시아 국민

러시아, 정확하게 말해서 러시아연방은 180여 개가 넘는 민족으로 이루어진 다민족국가다. 따라서 '러시아인Russians'이라는 말에는 인종적 러시아인Russkiye, Русские과 러시아 국민Rossiyane, Россияне이라는 두 가지 뜻이 있다. 러시아어로 인종적, 민족으로서의 러시아인을 이야기할 때는 '루스키Русский'라는 단어를 쓰며 러시아 민족을 가리킨다. 이 경우 지금 러시아연방의 전체 인구를 구성하는 다른 민족은 제외되며, 러시아 내에 살지 않고 해외에 거주하는 러시아인은 포함된다. 반면 러시아 국민을 말할 때는 '로시얀Россиян'이라는 단어를 쓴다. 이 개념은 민족이나 인종과 관계없이 러시아에 거주하면서 러시아 국적을 취득한 사람을 의미한다. 이렇게 한국어로는 '러시아인'이라는 한 단어로 표기할 수밖에 없지만, 러시아어로는 민족으로서의 러시아인과 국민으로서의 러시아인을 각각 다른 단어로 구별해서 쓴다.

민족으로서의 러시아인은 동슬라브계 민족으로 2010년 러시아연방 인구조사 자료에 따르면 총인구수는 1억 1101만 6896명이고 그중의 86퍼센트 정도가 러시아에 살고 있다. 11.5퍼센트는 독립국가연합 구성 국가와 발트국가에 살고 있으며, 나머지 2.5퍼센트는 기타 여러 나라에 있다. 러시아인은 현재 러시아연방 인구의 80퍼센트 이상을 차지하며, 2010년 여론조사 자료에 따르면 러시아에 사는 러시아인의 75퍼센트가 자신을 정교 신자라고 생각한다.

### 러시아 민족은 어디에서 왔을까

　고대 슬라브인이 유럽에서 거주했던 장소 중 가장 오래된 곳은 카르파티아 산맥의 북부로 추정된다. 슬라브인은 이곳에서 각지로 흩어졌다. 남쪽으로 간 슬라브인은 발칸 슬라브인이 되었고, 서쪽으로 간 사람들은 체코인, 모라비아인, 폴란드인이 되었으며, 동쪽으로 간 슬라브인은 러시아인의 원류가 되는 동슬라브인이 되었다. 동슬라브인은 7세기

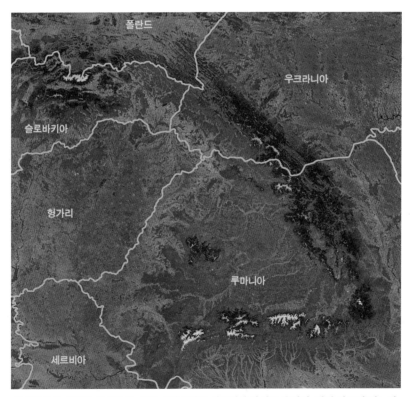

카르파티아 산맥의 위성사진. 고대 슬라브인은 이곳에서 각지로 흩어져, 발칸 라브인(남), 체코인, 폴란드인(서), 동슬라브인-러시아인(동)으로 분화되었다.

경에 드네프르 강까지 도달했을 것으로 보이고 점차 이주하면서 일멘 호수와 오카 강까지 진출했다. 폴랴닌Полян, 드레블랴닌Древлян, 드레고비츠Дрегович족은 드네프르 강의 우안과 오른쪽 지류에 자리를 잡았고, 세베랴닌Северян, 라디미츠Радимич, 뱌티츠Вятич족은 드네프르 강을 넘어 강의 왼쪽 지류에 정주했다. 뱌티츠족은 심지어 오카 강까지 진출하는 데 성공했고, 크리비츠Кривич족은 드네프르 강 일원을 벗어나 북쪽의 볼가 강 및 서드비나 강 상류까지 나아갔으며 그들의 한 분파인 슬로벤Словен족은 일멘 호수의 하천 일대를 차지했다.

어떤 학자들은 '러시아인'라는 명칭이 이런 슬라브 종족 중의 한 일파의 이름 — 로디예프Родиев, 로소프Россов 또는 루소프Руссов — 에서 기원한 것으로 보기도 한다.


## 고대 러시아 국가 키예프 루시의 기독교 수용


『흘러간 시간의 이야기』라는 연대기에 따르면 986년 고대 불가르의 사절이 와서 블라디미르 공후에게 이슬람을 믿을 것을 권유했다. 하지만 이슬람은 음주를 허용하지 않는다는 이야기를 듣고, "술을 마시는 것은 러시아인의 즐거움이다. 술 마시는 기쁨이 없으면 우리는 살 수가 없다"라며 거절한다. 이 말은 이후 러시아인의 음주 애호를 상징하는 유명한 문구가 되었다.

이후 바티칸에서 보낸 독일 선교사들이 왔지만, 블라디미르는 그들의 신앙을 받아들이지 않았고, 하자르의 유대인들도 왔지만, 자신의 영토가 없는 하자르 유대인의 신앙을 거절한다. 그다음 비잔틴에서 철학자가 와서 그에게 성경과 기독교 신앙에 관해 설명해주었지만, 결정을 내리지는 못했다. 그래서 사절단을 보내 이슬람과 가톨릭, 정교의 미사를 둘러보게 했다. 사절단은 콘스탄티노플에 다녀온 후 놀라움에 가득 차 "우리가 하늘에 있는지 땅에 있는지 몰랐습니다"라고 정교 미사의 아름다움을 알렸다. 이렇게 해서 블라디미르는 최종적으로 정교를 받아들이게 되었다.

블라디미르 성모 성상화.

## 모스크바 공국에 의한 러시아의 통합과 발전

고대 러시아 민족의 발전은 13세기 몽골의 침입과 키예프 루시의 붕괴로 중단되었다. 그리고 리투아니아 대공국이 영토를 확장하면서 남서부 지역과 북동부 지역 간의 분화가 시작되어 이후 대러시아(러시아), 소러시아(우크라이나), 벨라루스(백러시아인)의 세 민족으로 갈라진다. 한편

노브고로드 성 소피아 성당. ⓒ 황성우

몽골 지배 시기에 강자로 등장한 모스크바 공국은 그 영향력을 점차 확대하여 러시아를 통합하게 된다. 1453년 콘스탄티노플이 함락되자 모스크바 공국의 군주였던 이반 3세는 1472년 비잔틴 제국의 황녀인 소피아와 결혼하고 비잔틴 제국의 상징인 쌍두독수리 문장을 가져와 자신 가족의 문장이었던 성 게오르기 문장에 합치고는 비잔틴 제국의 계승자임을 자처한다. 비잔틴 제국이 무너진 뒤 러시아는 정교의 강국으로 남은 것이다.

그리고 이반 3세를 뒤이은 바실리 3세 때인 1510년 프스코프의 수도사 필로페이는 바실리 3세에게 보낸 서한에서 다음과 같은 찬사를 보낸다. "두 로마는 멸망했으나 세 번째는 건재합니다. 네 번째는 존재하지

이반 3세.　　　　　　　　바실리 3세.

않을 겁니다. 누구도 당신의 기독교 국가를 대체할 수 없습니다." 이렇게
해서 모스크바 제3로마 이론이 구체화되었다. 모스크바는 또한 로마나
콘스탄티노플처럼 일곱 개의 언덕 위에 세워진 도시다. 이 제3로마 이론
은 이후 러시아인 선민의식을 형성하는 데 큰 역할을 하게 된다. 모스크
바 대공국의 발전과 함께 등장한 이 이론은 역사적으로 몽골의 격파와
나폴레옹 전쟁의 승리, 제2차 세계대전에서 독일에 승리하면서 러시아
인의 의식에 확고하게 자리를 잡는다.

　　18세기 표트르 대제는 서구식 개혁을 실시해 러시아를 변화시켰다.
그는 기존의 동양적 잔재를 청산하고, '유럽으로 난 창' 상트페테르부르
크를 건설하여 수도를 그곳으로 옮겼다. 이후 러시아는 유럽 문화의 세
례를 받았고, 서유럽에서 각종 사회제도와 함께 문학, 예술, 철학 그리고

러시아 국기.

러시아 국가문장.

교육 체계를 도입함으로써 19세기의 문화적 중흥을 맞이하게 되었다. 또 러시아라는 이름을 정식 국명으로 채택했고, 백·청·적 삼색기로 러시아 국기도 만들었다.

꽃피는 러시아 문화

표트르 대제에 의해 러시아 역사의 방향은 급격히 바뀌게 된다. 위로부터 개혁으로 서구의 문화를 수용하고 나서 어느 정도 시간이 흐르자 러시아 문화는 19세기에 비약적으로 발전하며 문학, 음악, 발레, 회화, 연극 등 여러 분야에서 숱한 거장들을 배출해낸다. 문학에서는 알렉산드르 푸시킨을 시작으로 미하일 레르몬토프, 이반 투르게네프, 레프 톨스토이, 표도르 도스토옙스키, 안톤 체호프 등 세계적이라고 이름 붙일 수 있는 작가들이 등장해 세계 문화 발전에 이바지했다. 지금까지 이반 부

1908년 야스나야 폴랴나에서 찍은 레프 톨스토이의 사진.

바실리 페로프가 그린 표도르 도스토옙스키의 초상화, 1872년 작.

닌, 미하일 숄로호프, 보리스 파스테르나크, 알렉산드르 솔제니친, 조지 프 브로드스키 등 5명의 러시아 작가가 노벨상을 받았다.

음악은 5인조를 기점으로 발전하기 시작하여 표트르 차이콥스키, 모 데스트 무소륵스키, 니콜라이 림스키-코르사코프, 드미트리 쇼스타코 비치, 세르게이 프로코피예프, 세르게이 라흐마니노프, 이고리 스트라 빈스키 등의 작곡가들이 배출되며 세계적인 수준에 도달했다.

과학기술 분야에서는 원소 주기율표를 만든 드미트리 멘델레예프, 로켓과 우주공학의 아버지인 콘스탄틴 치올콥스키, 조건반사이론을 확 립한 이반 파블로프 등이 있다. 유리 가가린은 1961년 유인우주선 보스 토크 1호를 타고 인류 역사상 최초로 우주 비행에 성공했으며 지구에 복귀한 뒤 당시 소련의 국민 영웅이 되었다.


## 넓은 영토, 긴 겨울, 러시아인의 의식주


러시아인의 음식 문화는 앞서 이야기한 키예프 루시의 정교 수용, 몽골의 침입, 표트르의 개혁 등에 영향을 받았다. 어떻게 보면 러시아 음식은 러시아의 역사와 함께하면서 그 변화를 받아들인 산증인인 셈이다. 러시아인의 선조인 동슬라브인은 동유럽 대평원의 숲 지대에 살면서 나무를 태워 땅을 경작하고 사냥 및 어로와 함께 숲이 제공하는 생산물을 채집하면서 살았다.

988년 키예프 루시의 정교 수용은 러시아인의 음식 문화에 큰 영향을 끼쳤다. 교회는 종교 축제일과 함께 200여 일이나 되는 육식 금지 기간을 부과했다. 이 기간에는 유제품을 먹거나 육식을 할 수 없었기 때문에 생선이 러시아인의 식탁에서 중요한 식재료가 되었다. 또한 종교의 도입은 음식을 정결한 것과 불결한 것으로 나누는 계기가 된다.

13세기에 몽골이 침입하면서 키예프 루시가 무너지고 러시아는 250년간 몽골의 지배하에 놓인다. 이 때문에 러시아는 서구와 사실상 단절된 시간을 보내게 된다. 몽골의 지배는 러시아의 음식 문화에도 영향을 끼쳐 샤슬릭Шашлык, 요구르트, 국수, 치즈를 만드는 방법을 배우게 된다. 고기를 꼬치에 꿰어 구워 먹는 샤슬릭이나 앞에서 언급한 음식들은 현재 러시아인의 식생활에 매우 중요한 부분을 차지한다. 아울러 몽골인은 러시아인에게 차 마시는 방법을 전해주고, 소금에 절인 양배추를

꼬치에 꿰어 구워 먹는 샤슐릭.
ⓒ 김혜진

아침으로 즐겨 먹는 카샤(오른쪽).
ⓒ 김혜진

만드는 방법도 가르쳐주었다. 소금에 절여 발효시킨 양배추는 비타민이 풍부하고 장 내의 미생물을 활성화해주기 때문에 겨울이 긴 러시아인의 식탁에 매우 중요하다. 소금에 절여 발효시킨 양배추는 러시아 외에도 유럽의 많은 나라에서 즐겨 먹으며, 러시아어로는 크뱌셴나야 카푸스타 Квашеная Капуста, 독일에서는 사우어크라우트 Sauerkraut라고 한다.

발효된 양배추로 만드는 러시아 음식 중에는 쉬 Щи가 있다. 쉬는 양배추를 넣어 끓인 수프인데 '쉬와 카샤는 우리의 음식 Щи Да Каша—Пища Наша', '쉬가 있는 곳에 우리가 있다 Где Щи, Там и Нас Ищи'라는 러시아 속담이 말해 주듯 대표적인 러시아 음식이다. 카샤 Каша 또한 러시아인이 가장 많이 먹는 음식 중 하나다. 카샤는 곡물을 물이나 우유에 푹 삶은 되직한 죽 같은 음식으로 콩, 쌀, 메밀, 귀리 등 다양한 재료로 만든다. 소금과 설탕, 약간의 향신료나 과일을 첨가하기도 한다. 러시아인은 카샤를 아침 식사로 많이 먹으며, 전통적으로 점토 항아리에 담아 러시아식 벽난로인 페치카에서 만들어냈다. 고대 러시아에서는 적대적인 세력과 평화협정을 맺을 때 죽을 끓여서 동맹과 우호의 표시로 함께 나누어 먹었다.

18세기 표트르 대제의 개혁 이후 러시아의 음식 문화는 유럽의 영향을 많이 받으면서 상류층의 식사가 크게 변하는 계기가 되었다. 그리고 이는 러시아 정통 요리법이 형성되는 데 많은 영향을 끼쳤다. 당시 표트르의 지시로 도입한 감자와 18세기 후반에 들어온 토마토는 러시아인에게 여전히 사랑받고 있다.

러시아 음식 문화에서 한 가지 특징적인 것은 병조림 문화인데 이는 러시아 특유의 긴 겨울에서 비롯되었다. 겨울이 긴 러시아는 채소를 먹을 수 있는 시간이 짧다. 따라서 겨울을 준비하는 가을 녘이면 유리병에 오이, 토마토, 양배추, 버섯, 고추, 파 등 각종 재료를 소금물에 절여 병조림으로 만든다. 한국의 김장 문화와 비교할 수도 있는데, 특히 병조림의 대표 격인 오이절임은 향을 내기 위해 회향, 마늘, 고추냉이 잎, 고추 등 각종 천연 향신료를 같이 넣어 만든다. 이는 집집마다 그 방법이 달라 각자 특유의 맛이 있다. 긴 겨울 러시아인의 식탁에 섬유질을 공급하는 병조림 음식은 보드카의 훌륭한 안주가 되기도 한다. 러시아의 유명 작가 안톤 체호프는 이렇게 말하기도 했다. "학자들은 200년 동안 가장 훌륭한 안주가 무엇일까 골몰했지만, 절인 오이보다 더 좋은 것을 생각해내지 못했다." 절인 오이는 보드카와 훌륭한 조합을 이루었고, 병에 남은 국물은 다음 날 쓰린 속을 해장하는 용도로 쓰이기도 했다.

또한 바레니예Варенье는 동슬라브 민족의 전통적인 디저트로 과일과 장과류를 설탕과 함께 끓인 것이다. 바레니예 또한 오래 저장하기 위한 병조림의 하나로 볼 수 있다. 서양의 잼과 달리 과일과 장과가 그 형태를

발효시킨 양배추(자료: 위키미디어).
ⓒ Gandydancer

바레니예(자료: 위키미디어).
ⓒ Shuhrataxmedov

그대로 유지하고 있는 경우가 많아서 과일과 장과가 묽은 시럽에 담겨 있는 모습을 띠기도 한다. 러시아인은 바레니예를 후식으로 먹거나 러시아인의 생활에 필수적인 홍차에 곁들여 먹기도 한다. 특히 산딸기 바레니예는 겨울철 감기에 걸렸을 때 이를 치료하는 민간요법으로도 여겨진다. 가을이면 집마다 숲이나 들판에서 거두어들인 장과류로 바레니예를 만드느라 설탕이 일시적으로 품귀 현상을 보이기도 한다.

고대 러시아인은 전통적으로 이즈바Изба라고 부르는 통나무집에서 살았다. 숲은 그들에게 삶의 터전이었고, 나무는 모든 것을 만들 수 있는 훌륭한 재료가 되었다. 러시아를 통합한 모스크바 공국의 중심지 모스크바도 목조건축물의 도시였다. 모스크바에서 일어난 몇 번의 대화재는 이 도시의 토대가 목조였다는 것을 방증한다. 하지만 러시아가 성장하면서 모스크바의 교회와 크렘린 성벽은 외국의 건축기사를 불러서 지었고, 특히 페테르부르크는 서구의 건축양식을 도입하여 완전히 서구 스타일로 지은 석조건축의 도시였다. 사회주의 혁명 이후에는 인민에게 집을 공급

통나무집 이즈바. ⓒ 황성우

하기 위해 아파트가 대량으로 건설되었다. 이때 공사를 효율적으로 하고, 공사 기간을 단축하기 위해 조립식 아파트 공법이 많이 도입되었다. 이렇게 우후죽순으로 지은 아파트 군락은 당시 소련의 어느 도시를 가나 모습이 비슷해서 소비에트 스타일을 완성했다. 거리 이름도 다들 비슷해서 어디든 도심의 간선도로는 '레닌대로', '레닌 거리'라는 이름이 붙었고, '콤소몰 거리', '건설자 거리' 등의 이름도 많이 쓰였다. 소비에트가 붕괴되고 시장경제로 이행된 후에는 코티지 Коттедж(영어의 cottage에서 온 단어)라 불리는 고급 주택이 교외에 많이 지어져 신흥 부자들의 주거지가 되었다.

최근 생겨나고 있는 모스크바 교외의 새로운 주택들. ⓒ 김혜진

10월 혁명 이전 러시아인의 생활에서 출생과 결혼, 사망과 관계된 일을 관장하던 곳은 러시아 정교였다. 아이가 태어나면 교회의 출생기록부에 올라가고, 세례를 받으며 교회에서 결혼을 하고, 죽으면 교회에서 장례식을 치렀다. 하지만 '반종교선전의 자유'가 보장된 소비에트에서 이러한 관습은 모두 사라지게 되었다. 그리고 교회가 관장하던 인간의 출생부터 사망까지의 모든 일이 세속으로 옮겨갔다. 결혼은 우리로 치면 시청 호적과에 해당하는 작스ЗАГС(호적기록국)에 신랑, 신부가 입장하여 혼인 서류에 서명하는 것으로 대체되었고, 사망 후의 추모기도도 추도식으로 바뀌었다. 그러나 소비에트 붕괴 이후 러시아 정교는 서서히 그 힘

일리야 레핀(Ilya Repin), 〈니콜라이 2세와 알렉산드라 공주의 결혼식〉, 1894년 작.

을 회복하고 있다. 옐친 전(前) 러시아 대통령의 장례식이 모스크바 구세주예수성당에서 치러진 것은 매우 상징적이다. 19세기 제정러시아의 황제 이후 처음 있는 국가수반의 정교식 장례식이었기 때문이다. 현대 러시아에서 러시아 정교는 가장 영향력을 가진 세력 중 하나라고 말할 수 있다.

러시아인은 사회주의 혁명과 제1, 2차 세계대전, 소비에트 체제의 붕괴와 시장경제체제로의 전환 등 숱한 역사적 변혁과 역경을 견디며 살아왔다. 일례로 제2차 세계대전 시 발생한 총 사망자는 5300만 명 정도로 추산되는데 이 중 2660만 명이 러시아인이었다. 이 중 소련군 전사자는 약 760만 명으로 미군 전사자 수의 26배, 영국군 전사자 수의 19배다. 또 상트페테르부르크는 제2차 세계대전

볼고그라드(옛 스탈린그라드)에 있는 조국 어머니상. ⓒ 김혜진

당시 872일간의 도시 봉쇄를 이겨냈다. 독일군이 도시를 봉쇄해 물자가 부족해지자 시민들은 대규모 기아를 겪어야 했고, 겨울에는 추위에 시달리다 수많은 사람이 죽었다. 그 기간에 군인 2만 4324명이 전투 중에 죽었고, 11만 1142명이 행방불명되었다. 민간인은 폭격과 포격으로 1만 6747명이 사망했고, 기아로 63만 2253명이 죽었다. 그리고 인류 역사상 가장 큰 단일 전투라고 일컬어지는 스탈린그라드 공방전은 199일이나 지속되었는데, 이 전투에서 소련군 사상자는 112만 9619명이었다. 이는 추축국의 병력 손실인 85만 명(독일군 40만 명, 루마니아군 20만 명, 이탈리

레닌 동상. 러시아 전역에서 쉽게 찾아볼 수 있다. ⓒ김혜진

아군 13만 명, 헝가리군 12만 명)보다 훨씬 큰 손실이었다.

　이러한 고난을 극복하는 러시아인의 강인한 모습은 우리에게 감동을 주기에 충분하다. 그리고 아시아와 유럽에 걸친 러시아의 영토는 동과 서를 아우르며 연결하는 러시아의 새로운 역사적 사명을 말해주는 듯 하다.

구속받지 않는 사람들

# 벨라루스인

김혜진

| | |
|---|---|
| ◆ 인구 | 벨라루스 거주 9,468,200명 |
| | (2014년 1월 1일 벨라루스 통계청 자료 기준) |
| ◆ 해외 거주 | 약 350만 명 |
| | [러시아(521,443명), 우크라이나(약 30만 명), 미국(60만~75만 명)] |
| ◆ 위치 | 러시아의 서쪽, 우크라이나의 북쪽, 발트 3국의 남쪽, 폴란드의 동쪽 |
| ◆ 민족 구분 | 동슬라브 |
| ◆ 언어 | 벨라루스어, 러시아어 |
| ◆ 문화적 특징 | · 동슬라브 전통문화의 공유 |
| | · 폴란드, 리투아니아 등 이웃 나라의 침략으로 문화적 영향을 받음 |

　　벨라루스인은 러시아인, 우크라이나인과 함께 동슬라브 민족을 이룬
다. 우크라이나와 러시아는 양국의 삐걱거리는 관계로 세계 언론뿐만 아
니라 국내 언론도 자주 장식했지만, 벨라루스는 옛 소련 국가 또는 미인
이 많은 나라 정도로만 국내에 알려졌다. 그렇지만 벨라루스는 흥미로운
역사와 문화를 가진 나라이며 마르크 샤갈 등 세계적으로 이름을 날린

벨라루스 영토(자료: 벨라루스 공화국 공식 사이트 www.belarus.by).

예술가를 비롯하여 뛰어난 인재를 낳은 곳이다.


## 벨라루스인, 하얀 러시아인?

벨라루스인은 러시아의 서쪽, 우크라이나의 북쪽에 있는 벨라루스 공화국의 주요 민족이다. '벨라루스'라는 말은 '희다'라는 뜻의 단어 벨리 Белый 와 고대 동슬라브 국가를 뜻하는 루시 Русь 가 합쳐진 것으로, 과거에는 '벨라야 루시 Белая Русь'라고도 불렸다. 우리나라에서는 한때 이것

오늘날의 그로드노 모습. ⓒ 최재욱

벨라루스 수도, 민스크의 모습. ⓒ 최재욱

을 그대로 번역하여 벨라루스를 '백러시아'로 부르기도 했다. 그렇다면 왜 하필 '하얀' 러시아일까?

동슬라브어에서 색깔을 나타내는 단어는 종종 색깔 외에도 다른 의미를 가지고 있다. 우리에게도 잘 알려진 모스크바의 '붉은광장Красная площадь'에서 '붉은красная'이라는 형용사가 '아름다운', '주요한', '큰', '최고의'라는 뜻을 가지는 것처럼, '흰', '하얀'이라는 뜻의 형용사 '벨리'는 '남의 구속을 당하지 않는', '자유로운', '면제의', '명문의' 등 여러 가지 뜻이 있다. 과거 벨라루스인, 특히 현재 벨라루스 땅의 북쪽과 북동쪽에 살던 사람들은 러시아인과 달리 몽골-타타르에 항복하지 않았으며 그들에게 조공을 바치지도 않았다. 이들은 말 그대로 구속받지 않은 독립적인 민족이었다.

한편 옛 벨라루스 서부 지역(지금의 민스크 서쪽, 그로드노Гродно)은 리투아니아인과 같은 타민족의 지배에 굴복했기 때문에 '검은 러시아'라는 뜻의 '초르나야 루시Черная Русь'라고 불렀다. 그러나 '벨라야 루시'라는 이름은 점차 벨라루스 전 지역을 뜻하게 되었고, 18세기에는 벨라루스와 접하고 있는 다른 지역까지도 일컫는 말로 그 의미가 확대되었다.


리투아니아와 폴란드, 러시아 사이에서


동슬라브 종족과 발트 종족이 머물던 벨라루스 영토에는 6세기부터 9세기 사이 일종의 정치적 연맹이 형성되기 시작했다. 오늘날 벨라루스의 비텝스크 지역과 민스크 북부에는 폴로츠크 공국Полоцкое княжество,

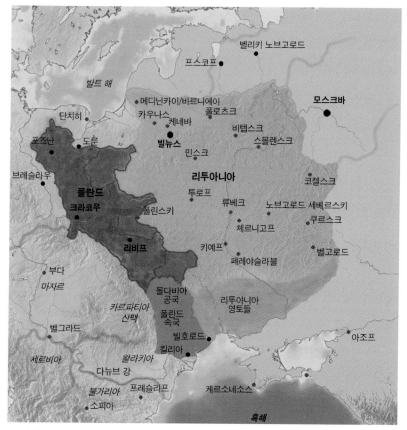

14세기 대(大)리투아니아 공국의 영역(자료: 위키미디어). ⓒM.K.

우크라이나와 맞닿아 있는 벨라루스 남서쪽에는 투로프 공국Туровское
княжество, 러시아와 벨라루스가 맞닿는 북동쪽에는 스몰렌스크 공국
Смоленское княжество이 있었다. 이들 공국은 10세기 말 고대 루시의 일원
이 되었지만, 11세기부터 12세기 사이 키에프를 중심으로 성장했던 고
대 루시가 힘을 잃기 시작하자 다시 분리되었다.

13세기 전반 벨라루스 서부가 대(大)리투아니아 공국으로 통합되기 시작했다. 그렇지만 당시 리투아니아에 문자가 없었던 탓에 벨라루스어가 리투아니아 공국의 공식어로 사용되었다. 14세기 말부터 리투아니아가 폴란드에 통합되면서 벨라루스 영토에서는 폴란드 문화로 동화되는 과정이 진행되었으며, 폴란드어가 공식 국어의 지위를 차지하게 되었다. 폴란드 문화와 언어, 종교(가톨릭)가 벨라루스인에게 끼친 영향은 점차 커졌으며, 이러한 과정은 특히 폴란드와 가까운 벨라루스 서쪽 지역에서 오랫동안 지속되었다.

　　18세기 러시아, 오스트리아, 프로이센(프러시아)이 세 번이나 폴란드 땅을 분리하여 통치하면서, 벨라루스는 러시아에 편입되었으며 러시아 문화가 벨라루스를 지배하게 되었다. 1840년 러시아 황제 니콜라이 1세의 칙령으로 '벨로루시야' 또는 '벨라루스인'이라는 말은 금지되었다. 다만 이 지역은 러시아 북서 현의 벨라루스 땅Белорусские земли으로 불리게 되었다. 즉, 하나의 나라 또는 민족으로서의 벨라루스라는 명칭은 쓸 수 없게 된 것이다. 벨라루스라는 공식 명칭이 되살아난 것은 사회주의 혁명 이후의 일이다.

　　이러한 역사적 배경과 더불어 폴란드, 리투아니아, 러시아와 접하고 있는 벨라루스의 지리적 위치는 벨라루스인의 문화와 언어, 종교, 정체성에 복합적인 영향을 미쳤다.

## 하얀색과 붉은색이 돋보이는 전통 의상

벨라루스인의 전통 의상은 대부분 흰색이며, 그 위에 다양한 자수와 무늬, 레이스 등으로 장식한다. 남성 전통 의상의 기본은 집에서 짠 아마포로 만든 카슐리Кашули인데 이는 무릎까지 내려오는 길고 헐렁한 상의다. 카슐리는 옷자락이나 깃, 소맷부리, 가슴 부분에 자수를 놓거나 끈 등으로 장식하고, 허리 부분은 보통 색이 들어간 끈으로 묶는다. 바지인 노고비치Ноговицы는 보통 흰색의 아마포나 나사 천으로 만드는데, 겨울용 노고비치는 어두운색의 나사 천으로 만든다. 여기에 여름에는 소매가 없는 조끼인 카미젤카Камизелька를 입고, 겨울에는 양가죽 외투나 모피

19~20세기 벨라루스 여성의 일상복.
ⓒ 김혜진

벨라루스 여성의 축제 의상.
ⓒ 김혜진

벨라루스 남성의 겨울 외출용 의상.
ⓒ 김혜진

19세기 벨라루스 남동부 의상을 보여주는
우표.

외투, 망토를 걸친다. 계절에 따라 짚으로 만든 모자나 양, 토끼, 여우 모피로 만든 모자 등을 쓰고, 짚신이나 펠트로 만든 장화를 신는다.

벨라루스 여성의 상의인 소로치카Сорочка는 카슐리처럼 길고 헐렁하며, 가슴 부분에 주름을 잡거나 어깨 부분에 천을 덧댄다. 여기에 안다락Андарак 또는 안드락Андрак, 사얀Саян 등 가로줄이나 세로줄이 들어간 붉은색이나 푸른색, 초록색 치마를 입는다. 치마 위에는 레이스나 주름 장식 또는 색색의 허리띠로 장식한 앞치마를 맨다. 여기에 벨벳이나 여러 무늬를 넣어 짜거나 날염한 천으로 만든 조끼인 가르세트Гарсет를 입기도 한다.

## 감자와 곡물을 즐겨 먹는 사람들

벨라루스 음식은 재료를 오랫동안, 그리고 복잡한 과정을 거쳐 가공한다는 점이 특징이다. 벨라루스인은 다양한 재료를 불에 굽거나 태워 자극적인 냄새를 없애거나 찌거나 끓이고, 또는 표면이 딱딱하게 될 때까지 굽거나 튀기고, 채소나 과일을 열탕에서 처리하여 식히기도 한다. 한 음식을 만들 때 여러 방법으로 가공한 다양한 재료를 함께 사용하기도 한다.

벨라루스인의 주요 음식은 호밀빵이다. 호밀 가루에 이스트 대신 특별히 배양한 효모(누룩)를 넣어 만들기 때문에 빵에서 신맛이 난다. 여기에 연한 풀, 아마씨 같은 각종 씨를 더하기도 한다. 일반적으로 빵은 화덕처럼 생긴 전통 벽난로 안에서 굽지만, 자작나무나 참나무 가지를 태워 그 위에서 굽는 경우도 있다. 귀리, 메밀, 콩 등 탈곡한 곡물로는 크레페나 얇은 팬케이크와 비슷한 블린Блин을 구워 먹고, 주르Жур와 크루프니크Крупник 같은 수프 등 다양한 음식을 만들어 먹는다.

호밀 외에 벨라루스 식단에서 중요한 것은 감자다. 벨라루스인은 특히 감자를 갈아 다양한 요리를 만들었다. 대표적인 것으로는 우리나라의 감자전과 같은 드라니키Драники, 작은 경단과 비슷한 클료츠키Клёцки, 갈아놓은 감자에 파, 고기, 살로Сало(고기 기름을 굳힌 것) 등을 넣고 오븐에서 구운 바브카Бабка 등을 들 수 있다.

벨라루스인은 곡물과 채소뿐만 아니라, 고기도 즐겨 먹는다. 가장 즐겨 먹는 고기 요리로는 양배추와 같이 쪄낸 비고스Бигос, 클료츠키에 고기 속을 넣어 크게 만든 체펠린니Цеппелины, 드라니키 안에 고기를 넣어

바브카
(자료: 플리커). ⓒ ilya_ktsn

비고스
(자료: 위키미디어). ⓒ Viktorianec

구운 콜두니 Колдуны 등이 있으며, 여기에 다양한 소스를 곁들여 먹는다. 잘 알려진 음식으로는 요리하고 남은 고기 조각에 밀가루, 파, 버섯 등을 섞어 만든 마찬카(또는 마칸카)도 있는데, 마찬카 자체로만 먹거나 블린과 함께 먹는다.

모든 민족의 전통 음식에는 의례나 의식과 밀접하게 관련된 음식이 있다. 벨라루스 음식에서는 죽이 그렇다. 아이의 출산이나 세례식에 참석한 벨라루스인은 '할머니의 죽'을 먹는다. 출산에서 가장 중요한 역할을 하는 이는 아이를 받는 산파나 할머니인데, 여기서 '할머니의 죽'이라는 명칭이 나왔다. '할머니의 죽'은 음식의 맛보다는 그 자체로 중요한 의미가 있다. 의례에 참여한 사람들이 이 죽을 나눠 먹지만, 찻숟가락으로 한 술 정도 맛만 본다. 할머니의 죽은 메밀이나 수수에 우유, 버터를 넣어 걸쭉하게 끓이는데 아이의 평안과 건강을 기원하는 의미를 담고 있다. 산파나 아이의 대부가 죽이 든 단지를 머리 위로 높이 올려 '쑥쑥 자라라' 하고 기원한 뒤 바닥에 던져 깨뜨리기도 했다. 벨라루스인은 이때 깨진 단지 조각이 많을수록, 그리고 죽이 사방으로 많이 튀어 흩어질수

체펠린니.

버섯소스를 곁들인 콜두니
(자료: www.belarus.by).

록 아이를 많이 낳게 된다고 믿었다. 땅에 흘리지 않고 남아 있는 죽은 산모나 산파, 어린아이들이 나눠 먹는다. 어린아이에게 이 죽을 먹이는 것은 그 아이가 이제 막 태어난 아이를 잘 돌보고 보호해주라는 의미다.


### 전통 가옥 '하타'


벨라루스의 전통 가옥은 '하타Xata'다. 하타는 둥근 통나무로 만들며, 집 내부에는 점토를 바른다. 맞배지붕 위에는 짚이나 갈대 또는 얇은 널빤지를 덮는다. 전통적으로 집 바닥에는 흙이나 점토를 발랐으나, 19세기 말 무렵 동쪽 지역에는 바닥에 나무를 깐 집이 등장했다. 본래 하타는 방의 구분이 없는 원룸 형태지만, 점차 두세 개의 방으로 구성된 집이 나타나기 시작했으며, 20세기 초에는 맞배지붕이 아니라, 사방으로 경사진 지붕이 생기기도 했다. 우크라이나와 가까운 남쪽 지역에서는 우크라이나의 흙벽 오두막집인 마잔카Мазанка처럼 집 외벽에 회반죽을 하얗

벨라루스의 전통 가옥 하타 내부. ⓒ 김혜진

게 칠하는 경향이 나타났다.

하타 내부에서 중요한 것은 벽난로다. 벨라루스의 벽난로는 우리가 흔히 아는 유럽식 벽난로보다는 화덕에 가까운데, 보통 입구의 오른쪽이나 왼쪽 구석에 있다. 벽난로에서 대각선 방향 맞은편에는 쿠트Кут 또는 포쿠티Покуть가 있다. 쿠트는 성스러운 장소라는 뜻으로, 이콘(성화)을 놓는 곳을 말한다. 쿠트 아래에는 가족들이 식사를 하거나 집안일을 하는 큰 식탁을 놓는다. 벽을 따라서는 긴 의자가 있는데, 침상으로도 쓰인다.

벨라루스인, 동슬라브 고대 문화의 계승자

벨라루스인은 동슬라브 전통문화의 원형을 오랫동안 보존해왔으며, 이들의 전통문화에는 동슬라브 민족 특유의 요소가 짙게 녹아 있다. 특히 벨라루스 전통 축제와 풍습에서는 동슬라브 민족이 기독교를 받아들이기 전 존재했던 토속 신앙의 흔적을 찾아볼 수 있다.

오랜 역사를 가지고 있는 대표적인 전통 축제로는 '구카니에 뱌스니 Гукание вясны'를 들 수 있다. 구카니에 뱌스니는 직역하면 '봄의 울음소리'로, 긴 겨울이 끝나고 아름다운 봄이 빨리 오기를 기원하는 봄맞이 축제다. 보통 3월 말에서 4월 초에 열리는데 기독교를 수용한 뒤 성모수태고지제로 통합되기도 했다.

이 축제의 상징은 황새다. 옛 벨라루스인은 다양한 색깔의 황새를 가능한 한 높이 매달아 놓았는데, 남쪽의 새들이 이것을 보고 날아온다고 생각했다. 이들은 정원이나 주변의 나무를 색색의 리본과 실 등으로 장식했으며 이렇게 장식한 부분에는 곧 싹이 돋아난다고 믿었다. 이 축제가 다가오면 벨라루스 여성들은 '부시키 Буськи'라고 하는 새 모양의 빵을 굽는다. 밖에다 이 빵을 두는데, 그러면 빵을 본 새들이 날개에 봄을 싣고 온다고 믿었다. 만약 새가 어떤 사람의 집으로 날아오면 그 집은 행복하고 부유하게 살게 된다고 믿었다.

구카니에 뱌스니가 시작되면 젊은 여성들이 모여 봄을 소리쳐 부른다. 봄노래도 부르는데, 이 노래의 특징은 매 소절이 "구-우-우-우!" 하는 외침으로 끝난다는 것이다. 사람들은 우리나라의 강강술래처럼 둥글게 서서 춤을 추고 그네를 타며 즐긴다. 벨라루스의 일부 지역에서는 지

벨라루스인의 대표적인 명절을 기념하는 우표. 왼쪽 상단부터 시계 방향으로 겨울 명절인 칼랴디, 봄 명절인 구카니예 뱌스니, 여름 축제 쿠팔레, 가을걷이 축제인 다진키.

붕이나 나무 위로 올라가는 풍습도 있는데, 이는 봄을 가져오는 새들이 자신을 보고 빨리 오라는 의미가 담겨 있다.

벨라루스의 명절 중 일부는 벨라루스인의 생업이었던 농업과 밀접한 관련이 있다. 농경 주기와 관련된 명절 중 가장 유명한 것은 '다진키 Дажынки'(또는 도진키 Дожинки)다. 다진키는 전쟁이 일어날 때도 거르지 않고 치러진 벨라루스인의 오래된 전통이다. 이것은 우리나라 추석과 같은 가을걷이 축제로, 옛 벨라루스인은 수확의 마지막 날을 뜻하는 다진키에 힘든 노동의 끝과 수확을 축하하고 감사한다. 수확은 며칠째 이어

가을걷이 축제 다진키(자료: 벨라루스 공화국 공식 사이트 www.belarus.by).

지는데, 마지막 날 동네 사람들, 이웃, 친인척이 모두 들판에 모인다. 나이가 가장 많고 존경받는 여성이 어느 곳에서 누가 처음으로 곡물을 벨지 정한다. 사람들은 곡물을 베면서 낫을 치켜들 때마다 노래를 부른다.

일이 다 끝나가면 '수염 묶기', '수염 땋기' 의식을 진행한다. 이 오래된 의식은 베지 않은 마지막 곡물 단(묶음)에 숨어 있는 들판의 정령에게 경의를 표하는 의미가 담겨 있다. 지역마다 조금씩 다르지만, 일반적으로 마지막까지 베지 않고 남겨둔 곡물 안에 빵과 소금을 놓고 그 위로 이삭을 서로 묶어주는데 이것을 '수염 땋기', '수염 묶기'라고 한다. 이렇게 묶은 이삭은 낫으로 한 번에 벤다. 이 의식이 끝나면 밭 주인은 수레나 썰매를 타고 밭을 돌아다니며, 수확을 끝낸 밭에 힘을 다시 돌려줄 것을 기원한다. 마지막 곡물 단은 밭 주인집에 예쁘게 장식하여 걸어둔다.

가을걷이 축제는 모든 농경민족에게서 볼 수 있지만, 동슬라브 민족 중에는 벨라루스인이 가장 성대하게 이 명절을 즐긴다. 소련 붕괴 이후 다진키는 벨라루스의 공식 국경일로 지정되었다. 도시에서는 행진이 열리고 사람들이 광장에 모여 춤을 추고 노래를 부르는 등 며칠씩 이 명절을 즐긴다. 추수와 관련된 축제인 만큼, 벨라루스에서 가장 많은 수확량을 올린 농부에게 상을 주기도 한다. 다진키에는 농업기술 박람회와 농산물 시장이 열리며 밤에는 콘서트가 열리는 등 오늘날에도 온 벨라루스인이 즐기는 축제라고 할 수 있다.


### 벨라루스인의 피가 흐르는 사람들


벨라루스인에게 가장 유명한 벨라루스인이 누구냐고 묻는다면, 대다수 사람이 마르크 샤갈을 들 것이다. 파리에서 왕성하게 활동하고 프랑스 국적을 가진 탓에 샤갈을 프랑스인으로 아는 사람도 많지만, 그는 벨라루스 북동부에 있는 유대인 거주지 비텝스크에서 태어났다. 샤갈은 1906년 만 19세가 되던 해 러시아 상트페테르부르크로 떠나기 전까지 이곳에서 살았고, 이 시절의 기억은 그의 작품세계에 큰 영향을 미쳤다. 그가 유년기를 보냈던 집은 현재 샤갈 박물관이 되었으며, 많은 예술가와 관광객의 발길이 이어지고 있다.

벨라루스의 수도 민스크 출신인 루이스 마이어는 세계 영화사에서 중요한 인물이다. 이름만 들어서는 "누구지?"라고 할 수 있겠지만, 그는

벨라루스 비텝스크에 있는 마르크 샤갈 박물관. 샤갈이 유년기를 보냈던 집이다
(자료: 벨라루스 공화국 공식 사이트 www.belarus.by).

할리우드 영화를 즐겨본 사람이라면 당연히 알 만한 영화사 '메트로 골드윈 메이어MGM'의 설립자다. 그래도 갸우뚱하는 사람들에게 할리우드 영화 시작 전에 사자가 나와 울부짖는 인트로를 보여주면, "아하!"라는 감탄사를 내뱉을 것이다. 지금은 사라졌지만, 초기 미국 영화산업을 이끌었던 메트로 골드윈 메이어를 설립했고, 아카데미 시상식을 제안했던 루이스 마이어도 벨라루스 출신이다.

벨라루스에서 태어나지는 않았지만, 미국의 저명한 앵커이자, 국내 어느 대기업 광고에 나오면서 우리에게 얼굴이 익숙한 래리 킹에게도 벨라루스인의 피가 흐른다. 래리 킹의 부모는 모두 유대인으로 아버지는 벨라루스 남서부에 있는 핀스크 출신이고, 어머니는 민스크 출신이다.

우리나라에는 뛰어난 미모와 괴성으로 유명한 테니스 선수 마리아 샤라포바도 벨라루스인 부모에게서 태어났다. 마리아 샤라포바의 부모는 벨라루스 동남부 고멜 주 출신인데 그녀가 태어나기 몇 개월 전 인접한 우크라이나 체르노빌에서 원전사태가 일어나 경제 상황이 악화되자, 러시아 시베리아로 이주했다.

한때 어느 민족에게도 구속당하지 않아 '자유의 민족'으로 불린 벨라루스인은 소련 해체 이후 또 다른 역사의 갈림길에 서게 되었다. 소련 붕괴와 함께 독립국가로 거듭나기는 했지만, 여전히 정치적으로나 경제적으로 상당 부분 러시아에 의지하고 있다. '구속되지 않은'이라는 벨라루스인의 원래 의미는 아직 제빛을 발하지 못하고 있는 듯하다.

동과 서의 갈림길에 선 민족

# 우크라이나인

김혜진

| | |
|---|---|
| ◆ 인구 | 2015년 기준 40,874,840명(우크라이나 내 34,962,000명) (자료: 위키피디아) |
| ◆ 위치 | 러시아의 서쪽, 벨라루스의 남쪽, 폴란드와 루마니아의 동쪽 |
| ◆ 민족 구분 | 동슬라브 |
| ◆ 언어 | 우크라이나어, 러시아어 |
| ◆ 문화적 특징 | 동슬라브 전통문화 공유, 폴란드인 등 이웃 민족들과 문화 교류 |

2014년 세계 언론에 자주 오르내렸던 나라 중 하나는 바로 우크라이나다. 우크라이나에 속해 있던 크림 반도가 러시아에 편입된 일부터 우크라이나 정부군과 동부 친러 반군의 교전까지, 우크라이나에서 일어나고 있는 일련의 사건이 2014년 국제뉴스의 많은 부분을 차지했다. 우크라이나인은 러시아인, 벨라루스인과 함께 동슬라브 형제민족이지만, 이들의 관계는 그리 좋지만은 않다. 세계를 떠들썩하게 만든 몇 년간의 정치적 사건 외에도, 우크라이나는 밀라 요보비치, 밀라 쿠니스, 올가 쿠릴

우크라이나 우표에 등장한 축구선수 안드리 셉첸코.

렌코 등 아름다운 할리우드 스타들과 장대높이뛰기 역사를 새로 쓴 '인간 새' 세르게이 부브카(붑카), 축구선수 안드리 셉첸코 등 세계적인 운동선수를 낳은 곳이기도 하다.

### '우크라이나'라는 말은 어디서 왔는가?

우크라이나는 숲과 강, 평야가 많으며 남쪽으로는 크림 산맥, 서쪽으로는 카르파티아 산맥으로 둘러싸여 있다. 우크라이나 영토의 중심은 드네프르 강이다. 고대 루시인(동슬라브 민족)이 섬겼던 토속신의 신전이 있었던 곳도 드네프르 강 유역이었으며, 고대 루시의 요람인 키에프도 드네프르 강을 중심으로 형성되었다.

'우크라이나'라는 말은 1187년 『이파티예프 연대기Ипатьевская лето-пись』에 처음 등장했다. 이 연대기에서는 '우크라이나'라는 말 대신, 고대 러시아어로 '변방의 영토'를 뜻했던 '오우크라이나Оукраина'를 썼다. 12세기부터 13세기까지 이 말은 고대 루시의 남쪽 또는 남서쪽 영토를 의미했다. 그러다가 17~18세기에 이르러서야 '우크라이나'라는 말이 정착되었고 여기에서 '우크라이나인'이라는 말도 나왔다. 그러나 오랫동안

키예프 소피아 사원. ⓒ 러시아연구소

우크라이나인을 가리켰던 다른 말들, 예를 들면 '코자키 Козаки', '코자츠 키 민족 Козацкий народ', '체르카시 Черкасы'도 함께 쓰였다. 19세기에는 '소(小)러시아인 Малороссияне, Малороссы', '남러시아인 Южнороссы'으로 불 리기도 했다.

우크라이나인을 부르는 말 중에 '호홀'이라는 단어도 있는데, 이것은 우크라이나 카자크(코사크 Cossack) 중 가장 큰 집단이었던 자포로지예 카 자크 Запорожские казаки 가 정수리 부분만 남기고 나머지 부분의 머리를 모두 깎는 관습에서 나온 말이었다. 이 표현은 러시아인이 우크라이나인 을 무시하는 의미로 사용되기도 했는데, 19~20세기 초 러시아 서부의 쿠

일리야 레핀, 〈터키 술탄에게 편지를 쓰는 자포로지예 카자크들〉, 1880~1891년 작.

반Кубань, 보로네시 주Воронежская область와 같이 러시아와 우크라이나 주민이 한데 모여 사는 지역에서는 이 단어가 가진 경멸적인 색채가 점차 옅어지면서 우크라이나인을 지칭하는 단어로 자리 잡게 되었다.


러시아와 폴란드 사이에서


고고학자들은 9~12세기 키예프 루시 땅에서 살고 있던 폴랴닌Поляне, 드레블랴닌Древляне, 볼리냐닌Волыняне, 부자닌Бужане 등 동슬라브 여러 종족이 모여 우크라이나 민족을 형성했다고 본다. 이들은 이후 드네프르 강 중류를 중심으로 페레야슬라브 공국Переяславское княжество, 체르니고

얀 마테이코, 〈류블린 동맹〉, 1869년 작.

보-세베르 공국Чернигово-Северское княжество, 갈리츠코-볼린스크 공국 Галицко-волынское княжество을 이루었다. 이 중 가장 서쪽에 있는 갈리츠 코-볼린스크 공국은 당시 막 형성되던 우크라이나 민족의 중심지가 되었다. 여기서 서부 우크라이나와 폴란드 남동부 영토를 통틀어 일컫는 '갈리치아Галичия'라는 말이 나왔다.

그러나 이들 공국은 11세기부터 꽤 오랫동안 외세의 침입에 시달렸다. 11~12세기에는 헝가리 영주들, 14세기 중반~15세기 초반에는 폴란드 대상인과 리투아니아인, 16세기에는 튀르크 술탄의 공격을 받았다. 1362년에 새로운 키예프 공국이 탄생했으나, 곧 리투아니아의 지배를 받게 되었으며 이 시기 서쪽 지역에서는 폴란드의 영향력도 강해지고 있었다. 1569년 류블린Lublin이라는 폴란드 도시에서 폴란드와 리투아니아

보그단 흐멜니츠키 동상. ⓒ 러시아연구소

간 국가동맹이 체결되었다. 이후 리투아니아는 우크라이나 땅에서 물러나고 폴란드가 일부 지역을 제외한 우크라이나 전역을 지배하게 되었다.

계속되는 외세의 지배는 우크라이나의 국가 발전을 방해하기도 했지만, 동시에 독립과 종교의 자유를 향한 우크라이나인의 단결을 고취하기도 했다. 우크라이나의 민족 투쟁은 17세기까지 이어졌으며, 그 중심에는 우크라이나 카자크들이 있었다. 자포로지예 카자크 부대의 수장인 흐멜니츠키Б. Хмельницкий는 1654년 러시아와 페레야슬라브 조약Переяславское соглашение을 체결했다. 그는 러시아의 힘을 빌려 폴란드를 자신의 땅에서 몰아내고 독립을 쟁취했다. 그러나 이것은 우크라이나가 러시아에 편입되는 결과로 이어졌으며, 결국 17세기 말 러시아에 병합되었다. 그 후 우크라이나인이 러시아로부터 독립하는 데는 소련이 붕괴할 때까지 오랜 세월이 필요했다.

한 가지 흥미로운 점은 17세기에 체결된 페레야슬라브 조약이 최근 러시아와 우크라이나 관계에서 굉장히 중요한 사건으로 떠오른 것이다. 2014년 3월 우크라이나 크림 반도가 주민투표를 거쳐 러시아 땅이 되었기 때문이다. 크림 반도가 공식적으로 우크라이나 소유가 된 것은 1954년인데, 당시 소련 공산당 서기장 흐루쇼프가 바로 이 페레야슬라브 조

크림 반도 남서부의 세바스토폴 항. ⓒ 김선래

크림 반도 남부의 얄타. 1945년 미국의 루스벨트 대통령, 소련의 스탈린 서기장, 영국의 처칠 수상이 모여 회담을 한 곳이기도 하다. ⓒ 김선래

약 체결 300주년을 기념하여 크림 반도 소유권을 우크라이나에 넘겨주었다. 이런 역사적 배경 때문에 러시아는 크림 반도 병합을 자국의 본래 영토를 되찾은 것이라고 생각한다.

## 이웃 민족과의 문화 공유

우크라이나인의 전통문화는 동슬라브 문화를 기반으로 한다. 그러므로 우크라이나의 전통 가옥, 의복, 음식 등은 러시아나 벨라루스의 전통문화와 유사하다. 전통의복은 지칭하는 단어만 다를 뿐 동슬라브 민족이 공유하고 있는 특징 — 예를 들면 붉은색 위주의

붉은 무가 주재료인 수프 보르시. ⓒ황성우

화려한 색상과 다양한 무늬, 남녀 의복의 기본인 긴 흰색 셔츠 등 — 을 많이 찾아볼 수 있다. 붉은 무와 양배추 등 여러 가지 채소를 넣고 끓인 우크라이나 수프인 보르시Борщ는 러시아와 벨라루스까지 퍼져 러시아인과 벨라루스인의 식단에 깊숙이 뿌리내렸다. 돼지 내장을 잘게 썰어 소금을 쳐서 우리나라 순대같이 만든 살티손Сальтисон은 본래 벨라루스와 폴란드의 음식이었지만 우크라이나에서도 대중화된 음식으로 자리 잡았다.

의식주뿐만 아니라, 가정의례와 관습에서도 비슷한 모습을 찾아볼

미콜라 피모넨코, 〈중매쟁이들〉, 1882년 작.

수 있다. 결혼식을 보면 중매쟁이의 중요한 역할, 신부 측의 지참금 준비, 신부를 보쌈하는 의식, 우리나라의 함 문화처럼 신랑과 신랑 친구들이 함께 신부의 집을 방문하는 과정, 크고 둥근 빵인 카라바이 Каравай 를 비롯한 풍성한 결혼 음식 등은 다른 동슬라브 민족에게도 똑같이 찾아볼 수 있는 혼례 요소다.

이와 더불어 이웃한 민족들, 예를 들면 폴란드나 몰도바와도 다양한 문화를 공유한다. 우크라이나의 전통 가옥 하타 Хата 는 우크라이나뿐 아니라 벨라루스, 러시아 서부, 몰도바, 발트 해 지역, 폴란드에서도 찾아

일리야 레핀, 〈우크라이나 하타〉, 1880년 작.

볼 수 있다. 하타의 지붕은 사면으로 되어 있으며 갈대나 짚으로 그 위를 덮는다. 가옥은 현관을 기준으로 크게 가사와 주거 공간으로 나뉜다. 가옥의 겉과 안에 점토를 발라 하얀색을 내는 하타-마잔카Хата-мазанка는 우크라이나뿐만 아니라 러시아 남부에서도 볼 수 있다.

### 우크라이나 특유의 문화 요소

이처럼 다양한 문화의 영향을 받았지만, 그 과정에서 우크라이나만의 독특한 문화 요소가 형성되기도 했다. 먼저 의복의 경우, 길고 헐렁한 흰색 상의인 루바하Рубаха 위에 소매 없이 어깨끈이 달린 긴 치마 사라판

Типы Малороссіи.

우크라이나 여성들이 즐겨 입는 치마 플라흐타.

Сарафан을 입는 러시아 여성과는 달리, 우크라이나 여성은 바느질을 최소화한 통자 모양의 치마인 데르기Дерги 또는 플라흐타Плахта를 입는다. 털실이나 면으로 만든 가내 직물을 뜻하기도 하는 플라흐타는 평소에도 입고, 축제 때도 입었다. 축제 때 입는 플라흐타는 길고 밝은색의 체크무늬 천으로 만들며 겉에 기하학무늬나 별, 꽃 등 화려한 장식을 수놓는다.

음식에서도 러시아나 벨라루스 식단과는 다른 요소를 찾아볼 수 있다. 우크라이나인은 밀가루 반죽으로 만든 음식을 가장 좋아한다. 그들은 팔랴니차Паляница, 흘리니바Хлибина, 보한Бохан, 팜푸시카Пампушка 등 여러 종류의 빵과 면을 즐겨 먹는다. 이 중 수제비처럼 끓는 고깃국물에 반죽 조각을 넣어 만든 갈루시카Галушка는 우크라이나의 전통 음식으로 손꼽힌다.

우크라이나는 오랫동안 서쪽의 유럽 국가들과 동쪽의 러시아로부터 정치, 경제는 물론, 사회적·문화적 영향을 받았다. 주변국들과의 관계는 소련 붕괴 이후 우크라이나의 행보에 커다란 영향을 미쳤다. 1991년 소련에서 독립한 이후 우크라이나는 2004년 오렌지혁명을 일으키며 러시아에서 벗어나려 노력했고, 유럽화에 박차를 가했다. 그러나 러시아의 지속적인 정치, 경제, 군사적 압박과 우크라이나 동부에 존재하는 친러 세력은 유럽으로 나가려는 우크라이나의 발목을 잡고 있다. 미국과 유럽은 이런 상황을 바짝 경계하며 러시아를 견제하고 있다. 이처럼 여전히 동과 서 사이에서 고군분투하고 있는 우크라이나가 앞으로 어디로 갈지는 당분간 지켜봐야 할 것이다.

# 5000년 전부터 포도를 경작하던 사람들

# 몰도바인

김혜진

| | |
|---|---|
| ◆ **인구** | 몰도바 내 몰도바인 2,890,176명 |
| | (2015년 1월 몰도바 정부 조사 결과. 몰도바 총인구의 96퍼센트) |
| ◆ **해외 거주** | 우크라이나(약 26만 명), 러시아(182,300명), 이탈리아(약 7만 명) |
| ◆ **위치** | 루마니아의 동쪽, 우크라이나의 서쪽 |
| ◆ **민족 구분** | 라틴(루마니아계) |
| ◆ **언어** | 몰도바어(루마니아어), 러시아어 |
| ◆ **문화적 특징** | · 루마니아와 언어, 종교, 문화 공유 |
| | · 러시아의 지배를 받고 소련의 구성원이었던 역사적 배경으로 러시아 |
| | 문화 잔재 |

　　우리나라 사람에게 '몰도바', '몰도바인'은 생소하다. '몰도바'라고 하면 유명한 신혼 여행지인 몰디브가 아니냐고 반문하는 사람도 많다. 그도 그럴 것이 소련을 구성했던 공화국 가운데 하나였던 몰도바는 우크라이나와 루마니아 사이에 있는 인구 300만 명이 안 되는 작은 나라다. 5000년 전부터 포도를 경작해오던 몰도바인은 오늘날 자국을 세계적인 포도주 생산지로 만들었다.

6세기경 몰도바 영토의 모습(자료: 네이버 세계지도).

## 몰도바 강에서 유래한 민족 이름

기원전부터 몰도바인의 조상은 카르파티아 산맥과 드네스트르 강, 흑해 사이에서 살았다. 라틴족인 이들은 그리스, 로마, 독일, 슬라브 민족의 여러 사료에서 트라키아인, 다크인, 블라흐인, 발라흐인, 발라크인 또는 볼로흐인 등 다양한 이름으로 불렸다. 오래전부터 이들은 여러 종족과 민족들의 지배를 받아왔으며, 지배 민족과 같은 이름으로 불리기도 했다. 14세기 전까지 몰도바 영토는 고대 다키아Dacia 지역에 살던 루마니아인의 조상인 다크족Dac, 게르만족의 일파인 고트족Goth, 아조프 해와 카스피 해 사이에 살던 안트족Ante, 그리고 고대 루시, 갈리치아 공국(옛 우크라이나 서부), 킵차크 한국汗國이 점령했다.

다양한 이름으로 불리던 중 14세기 '몰도바'라는 명칭이 등장했다. 이것은 1359년 몰도바 공국의 형성과 관련이 있다. 그 당시 몰도바 공국은 오늘날 몰도바 공화국과 루마니아의 동부, 우크라이나의 서부 지역까지 아우르는 영토를 가지고 있었다. 이 명칭이 사료에 처음 등장한 것은 1360년 헝가리 왕의 한 문서에서였다. 많은 학자는 몰도바 또는 몰다바라는 이름이 시레트 강의 지류인 몰도바 강과 관련 있다고 본다.

이후 몰도바, 몰다바, 몰도벤이라는 이름은 카르파티아 산맥의 동쪽에 있는 영토를 일컫는 말로 퍼졌다. 이탈리아인, 스페인인, 프랑스인 등 라틴 민족들은 몰도바인을 몰다보스Moldavos, 몰다바노스Moldavanos, 몰다비Moldavi 등으로 불렀으며, 슬라브계 국가에서는 몰다반Молдаван, 몰답치Молдавцы 등으로 불렀다. 그렇지만 몰도바라는 이름과 함께 볼로흐, 볼로크라는 옛 이름도 오랫동안 함께 쓰였다.


## 오랫동안 다른 나라의 구성원이었던 몰도바인

14세기 몰도바 공국이 형성되었지만, 이 공국은 16세기부터 18세기까지 오스만 튀르크의 지배를 받았다. 18세기 말에는 제2차 러시아-튀르크 전쟁 결과 야시(루마니아의 도시) 조약에 따라 드네스트르 강 좌안이 제정러시아의 땅이 되었다. 러시아의 세력은 더 강해져, 1812년에는 부쿠레슈티 조약에 따라 몰도바 동남부가 러시아 영토가 되었다. 러시아는

발라키아의 첫 통치자 바사라프 1세의 모습. 몰도바의 옛 명칭인 베사라비아는 이 왕의 이름에서 나왔다.

이 영토를 '베사라비아'라고 불렀다. 베사라비아라는 이름은 발라키아(발라히아, 왈라키아)의 첫 통치자였던 대(大)바사라프 1세 Basarab 1 의 이름에서 나온 것이다. 베사라비아는 러시아에 복속되기 전 15~17세기에도 다뉴브 강 유역의 바바다그 지역(루마니아 도시)과 발라키아를 같이 부르는 명칭으로도 쓰였다.

1856년에는 다뉴브 강과 프루트 강 하류 인근의 남부 지역이 러시아에 지배받지 않은 몰도바 공국과 통합되었다. 1858년 이 지역은 발라키아 공국과 통합되었고 이로써 루마니아 왕국이 형성되었다.

1917년 사회주의 혁명으로 제정러시아가 무너지면서 몰도바 민주공화국이 선언되었으나, 1918년 루마니아에 귀속되었다. 그렇지만 소련 정부는 베사라비아 지역에 대한 루마니아의 주권을 인정하지 않았고, 1924년 우크라이나와 면하고 있는 드네스트르 강 동부에 몰도바 자치공화국을 구성했다. 1940년 독소 조약으로 루마니아는 베사라비아와 북부 코비나를 소련에 양도해야 했다. 이에 따라 새로 편입된 이 지역과 우크라이나 공화국에 속해 있었던 몰도바 자치공화국이 통합되었으며, 자치공화국이 아닌, 소연방에 소속된 '몰도바 소비에트 사회주의공화국'이라는 공식 명칭을 갖게 되었다.

제2차 세계대전 중인 1941년부터 1944년 사이 독일군과 루마니아군이 몰도바 공화국을 점령하면서 베사라비아 총독부가 만들어졌으나, 1944년 8월 다시 소련군이 차지하게 되었다. 이후 소련이 붕괴한 이후에야 몰도바인은 독립국가를 이룰 수 있었다.

루마니아인과의 수많은 공통분모

　앞서 보았듯이 드네스트르 강과 프루트 강 사이에 있는 몰도바 영토
는 과거 루마니아와 함께 베사라비아라고 불렸다. 몰도바인은 프루트 강
을 경계로 이웃한 루마니아인과 많은 공통점을 가지고 있다.

　이러한 유사성은 우선 언어에서부터 찾아볼 수 있다. 몰도바의 문어
文語는 루마니아어와 거의 차이가 없다. 다만 구어는 단어나 발음이 약
간 다른데, 둘은 서로 다른 언어라기보다 방언으로 생각해도 무방할 정
도로 가깝다. 소비에트 시기 몰도바인은 키릴문자를 기반으로 몰도바어
를 썼으나, 소련 붕괴 이후 다시 라틴문자로 바꾸었고 이로써 루마니아
문어와의 차이는 사라졌다고 할 수 있다. 2013년 몰도바 헌법재판소는
루마니아어를 몰도바 공화국의 공식 언어로 인정했다. 몰도바 정부 사이
트에서도 루마니아어를 쓰고 있어 몰도바어가 아니라 루마니아어가 이
곳의 공식 언어임을 알 수 있다. 다만 몰도바 동부의 드네스트르 강과 우
크라이나 사이에 있는 프리드네스트로비예 지역(트란스니스트리아)에 사
는 몰도바인 정도만 여전히 키릴문자를 사용한다. 종교적인 면에서도 몰
도바인과 루마니아인은 동방정교로 동일하다. 이렇듯 언어부터 시작해
의식주, 종교까지 두 민족 간의 경계를 구분하기란 쉽지 않다.

　두 민족을 같은 민족으로 볼 수 있느냐의 문제는 양국 사회에서 계속
논의되었다. 이러한 논쟁은 몰도바가 소련에서 독립하면서 더욱 불거졌
다. 2004년 몰도바 인구조사 결과에 따르면 몰도바 현지 주민의 94퍼센
트가 자신을 루마니아인이 아니라 몰도바인으로 생각하고 있었으며, 당
시 대통령이었던 블라디미르 보로닌은 이를 근거로 몰도바인은 루마니

아인과 다른 별개의 민족이라고 공표한 바 있다. 그러나 니콜라에 티모 프티 현 몰도바 대통령은 트라이안 베세스쿠 전 루마니아 대통령과 회동 하면서 몰도바와 루마니아는 두 개의 독립주권 국가지만 두 나라에는 루 마니아인이 살고 있으며, 몰도바인은 루마니아 민족의 일부라고 합의한 바 있다. 한편 몰도바 사회에서는 몰도바인이 루마니아 민족에 속한 것 이 아니라, 몰도바인이 루마니아 민족 형성에 크게 이바지했다는 주장도 대중의 힘을 얻고 있다.

## 5000년 전부터 포도를 경작하던 사람들

고고학 사료에 따르면 몰도 바인은 4000~5000년 전부터 포 도를 경작했다. 기원전 3세기 말 로마 군대가 이 지역에 침입 하면서 몰도바의 포도주 양조가 발전하게 되었다. 따뜻한 대륙 성 기후와 비옥한 토지는 양질

몰도바 포도주 축제 기념 우표.

의 포도주를 생산하는 데 좋은 환경이었으며, 이렇게 발전한 포도주는 중세 시기 몰도바인의 주요 수출품이었다. 소련 붕괴 이후 신생 독립국 가에서 장미혁명(조지아), 오렌지혁명(우크라이나) 등 색깔 혁명이 일어났 을 때, 2005년 몰도바 총선에서 정권 교체를 이뤘던 일을 두고 포도혁명 이라고 부른 것만 봐도 포도가 이곳의 대표적인 경작물임을 알 수 있다.

몰도바의 푸카리 와인
(자료: 위키피디아). ⓒ Serhio

몰도바에서는 카베르네 소비뇽, 피노 누아, 피노 블랑, 무스카트와 같은 프랑스 포도주 품종도 경작하지만, 가장 높게 평가받는 것은 페테아스카 알바, 페테아스카 네아그라, 라라 네아그라와 같은 전통적인 몰도바 품종이며, 이 포도주는 영국과 덴마크 왕실에 납품되고 있다. 특히 프랑스와 독일의 합작으로 탄생한 몰도바의 푸카리 포도주는 1847년 파리 국제박람회 금상을 받았으며 제정러시아의 마지막 황제 니콜라이 2세부터 푸틴 대통령까지 즐겨마셔서 '왕의 포도주'라는 별명이 붙었다.

오늘날에도 가내 포도주 양조가 발전되어 있을 정도로 포도주는 몰도바인의 생활에서 떼어내기 힘들다. 몰도바인에게 포도주 없는 축제는 상상하기 힘들며, 모든 몰도바 집에는 포도주 잔이 갖춰져 있다. 10월 두 번째 일요일은 몰도바 국경일이자 국가가 지정한 포도주 축제가 열리는 날로 많은 사람이 나와서 포도주를 즐긴다. 포도를 오랫동안 경작해온 민족들이 포도나무 가지나 잎을 다양한 요리에 사용했듯이, 몰도바인도 다진 고기 등을 포도나무 잎으로 감싸 사르말레sarmale라는 요리를 만들어 먹었다.

몰도바에서는 포도주와 더불어 포도주를 저장하는 창고도 유명하다. 특히 밀레스티 미치Milesti Mici는 기네스북에 등재된 세계 최대 규모의 포도주 저장고다.

몰도바의 밀레스티 미치. 기네스북에 등재된 세계 최대 규모의 포도주 저장고다
(자료: 위키미디어). ⓒ Serhio

### 옥수수 전분이 주재료인 몰도바 전통 음식

　몰도바 전통 음식에서 큰 비중을 차지하는 것은 옥수수 가루, 유제품, 채소다. 몰도바인은 특히 옥수수를 이용해 독특하고 맛있는 음식을 다양하게 만들어 즐긴다. 옥수수 전분으로 만든 가장 대표적인 몰도바 음식으로는 마말리가를 들 수 있다. 마말리가는 원래 가난한 사람들이 먹던 음식이었다. 하지만 오늘날에는 몰도바인이 거의 매일 먹는 음식이자, 몰도바를 찾는 관광객이 가장 흔하게 접할 수 있는 음식이다. 마말리

마말리가를 곁든 양배추 요리 사르마
(자료: 위키피디아). ⓒThemightyquill

고기와 야채가 들어간 플라친다.
ⓒ황성우

가는 옥수수 가루에 기름, 발효 우유, 양젖으로 만든 치즈, 달걀 등을 넣어 만든 것으로, 빵처럼 굽거나 묽게 만들어서 죽처럼 먹기도 한다. 죽처럼 끓인 마말리가는 옥수수 가루로 끓인 이탈리아 음식 폴렌타와 비슷하다. 빵처럼 만든 마말리가는 손으로 먹으며, 덩어리에서 조각을 떼어 녹인 치즈나 버터 또는 수프에 적셔 먹는다. 마말리가 조각 사이에 파와 양젖 치즈를 넣어 굽거나, 발효시켜 신맛이 나는 양배추와 마말리가 조각을 함께 쪄서 먹기도 한다.

옥수수 전분을 섞지 않고 일반적인 밀가루로 굽는 파이도 있다. 대표적인 것이 플라친다와 베르투타다. 플라친다는 얇고 납작한 모양의 일반적인 파이다. 이 안에 넣는 재료는 양젖 치즈부터 파, 양파, 삶은 달걀 등 굉장히 다양하다. 양배추를 넣은 파이는 러시아에서 가져온 것으로 베르제레라고 한다. 베르투타는 명절이면 항상 굽는데 발효시킨 반죽을 나선처럼 빙빙 돌려서 구워낸 파이다.

몰도바는 농업 민족이었으며, 땅 대부분을 농사나 포도 경작에 할애

각종 채소로 구성된 몰도바 전채 요리.
ⓒ 황성우

돼지고기, 쇠고기 또는 양고기를 갈아
뭉쳐서 구운 미티테이(Мититей). ⓒ 황성우

했기 때문에 목축지는 많지 않았다. 그래서 육류 음식은 가짓수가 적었
고, 대신 채소와 과일을 이용한 음식이 발달했다. 특히 콩으로는 수프
를 만들 뿐만 아니라, 퓨레를 만들기도 한다. 몰도바인은 단맛이 나는 불
가리아 고추, 매운 고추, 마늘로 소스를 만들어 채소 요리와 함께 즐긴
다. 매운 소스 외에도 양젖 치즈, 포도주, 발효시킨 우유를 양념으로 사
용한다.

채소를 이용한 요리가 발달해 있지만, 그렇다고 몰도바인이 육류를
전혀 먹지 않는 것은 아니다. 큰 명절에는 고기를 내놓는데, 몰도바인은
소금에 절인 돼지고기를 모닥불에 구워 고기 부위에 따라 다양한 양념을
조합해서 먹었다. 이를테면 기름기가 많은 고기에는 신맛이 나는 소스를
곁들이고, 기름기가 적은 부위는 매우면서도 기름이 충분히 들어간 소스
를 사용했다.

대표적인 수프로는 초르바와 자마(쟈마)가 있다. 초르바는 호밀을 발
효시킨 물에 고기, 신선한 당근, 토마토, 허브, 양파, 샐러리를 넣고 끓인

것이다. 여기에 콩이나 감자, 단
맛이 나는 고추, 쌀 등을 더하기
도 한다. 자마는 닭고기 수프로
집에서 만든 면과 불가리아 고추
를 넣어서 끓이며 살짝 신맛이
나는 것이 특징이다.

초르바(자료: 위키미디어).
ⓒ Kiril Kapustin

## 전통 가옥의 중심, 카사 마레

몰도바 농가는 보통 주거 공간과 헛간, 동물 우리, 창고 등의 건물로
이뤄진다. 일부 농가에서는 근처에 텃밭, 포도밭, 농장 등을 두기도 한
다. 농가는 나무나 돌로 담장을 쳐서 경계를 만들며, 대문은 전통 무늬를
넣어 장식한다.

14~16세기 몰도바인은 보통 넓은 방 하나로 이루어진 움막이나 반움
막에서 생활했으나, 16세기 말부터 17세기 초중반 사이 지상에 집을 짓
기 시작했고, 18세기에는 이런 형태의 집이 대중화되었다. 19세기에는
방이 세 개 딸린 집이 나타나기 시작했다. 이때 현관과 같은 통로가 각
방을 연결한다. 예컨대 방에서 나오면 통로가 있고 그 통로를 지나 문을
열면 응접실이 나오고, 응접실에서 나와 통로를 지나면 다른 방이 연결
되는 식이다.

몰도바인은 예로부터 돌과 나무를 가공해 집을 아름답게 꾸몄는데

몰도바 가옥의 응접실 '카사 마레'. 왼쪽 사진: ⓒ 김혜진

집을 장식하는 방식은 지역별로 차이가 있다. 몰도바 북부 지역에서는 남부보다 무늬를 더 많이 사용하는 편이며, 벽화를 그리거나 함석을 아름답게 조각해 외관을 장식한다. 몰도바 북부 전통 가옥의 필수 요소는 베란다다. 반면 중부와 남부 지역에서는 추위를 피하려고 가옥 주위를 토담으로 둘러싸며 집 내부에 나무나 돌로 만든 기둥이 있는 것이 특징이다. 남부에서는 맞배지붕에 가로로 긴 형태의 집을 흔히 볼 수 있다.

몰도바 전통 가옥에서 주목할 만한 공간은 응접실이다. 응접실은 '카사 마레'라고 하는데, 이웃 민족인 러시아인이나 우크라이나인의 전통 가옥에서는 볼 수 없는 독특한 공간이다. 카사 마레는 집에서 가장 아름답게 꾸민 공간으로 이곳에서 손님을 맞이할 뿐만 아니라 가족이 모두 모여 행사나 축제를 즐기는 곳이다.

몰도바 전통 가옥에서 또 하나 빼놓을 수 없는 것이 양탄자다. 몰도바 양탄자는 보풀 없이 부드럽고 매끈한 것이 특징이다. 오랜 전통에 따

제작과정 중인 몰도바 양탄자.
ⓒ 김혜진

라 신부는 혼수로 자신이 직접 짠 양탄자를 준비해야 한다. 몰도바인은 양탄자 외에도 직접 만든 다양한 수공예품으로 집 내부를 꾸민다.

### 지역색이 뚜렷한 전통 의상

몰도바 전통 의상은 북부와 남부, 그리고 드네스트르 강 왼쪽에 따라 그 지역색이 뚜렷하게 나타난다. 몰도바 북부는 카르파티아 산맥의 산악 지역으로, 이 지역 주민은 오래전부터 가축을 길렀다. 산맥이 있어 몰도바 다른 지역과 격리된 탓에 이곳의 전통 의상은 가장 오래된 요소를 많이 간직하고 있다. 동시에 이 지역은 갈리치아, 포돌리아, 부코비나와 같은 우크라이나 서부 지역과 면하고 있어 우크라이나 문화의 영향도 받았다. 우크라이나적인 요소는 의상의 장식, 꽃이나 나무를 형상화한 무늬, 색상의 조화에서 나타난다. 붉은색, 갈색, 검은색을 자주 쓰는 몰도바 전통 의상에 하늘색, 주황색, 초록색 무늬가 더해지기 시작했다. 북부 지역의 여성 의상은 자수가 많이 들어간 셔츠, 바느질하지 않고 허리에 둘러 입는 치마인 카트리나(카트린체, 카트린차), 무늬가 들어간 허리띠인 브리우, 머리에 두르는 수건인 마라메로 구성된다. 미혼 여성은 카트리나의 한 겹을 왼쪽에서 오른쪽으로 비스듬히 올려 입고, 기혼 여성은 반대로 입는다.

전통 의상을 입은 몰도바인들(자료: 몰도바 관광청 turism.gov.md).

드네스트르 강 왼쪽 지역에는 러시아인과 우크라이나인이 많이 살고 있으며, 이러한 환경은 이곳의 전통 의상에 큰 영향을 미쳤다. 이 지역 몰도바 여성은 한 장의 천으로 셔츠를 만들어 입었다. 셔츠의 옷깃 부분 에는 주름이 잡혀 있으며 기하학적인 무늬나 꽃, 나뭇가지 모양의 자수 가 들어가 있다. 여기에다 어깨에 끈을 걸치고 발까지 내려오는 어두운 색의 긴 치마를 입고 넓은 허리띠를 한다. 독특한 것은 치맛자락 부분에 면 벨벳으로 줄무늬를 넣는데, 줄이 몇 개인지에 따라 여성의 나이와 결혼 여부를 알 수 있다. 아가씨와 새색시는 세 줄, 기혼 여성은 두 줄이다.

몰도바 남부의 여성 전통 의상은 자수가 많이 들어간 다른 지역에 비해 덜 화려한 편이다. 남부 몰도바인이 입는 셔츠에는 자수가 거의 없거나 조금 들어가 있다. 셔츠와 양모로 만든 치마, 앞치마, 머릿수건이 기본 구성이며, 이 지역에 사는 가가우스인의 전통 의상과 유사하다.

이처럼 지역마다 제각기 특징이 있지만, 전체적인 공통점은 목에 거는 장신구에 있다. 북부에서는 구슬과 산호, 동전으로, 드네스트르 강 좌안에서는 산호와 진주모(자개)로 목걸이를 만들어 착용한다.

남성 전통 의상은 여성의 것보다 단순하다. 남성 의상은 흰색 셔츠와 바지, 나사 천으로 만든 조끼 또는 모피로 만든 소매 없는 재킷, 양털 모자, 가죽으로 손수 만든 신발로 구성된다. 몰도바 남성 의상에서 가장 중요한 것은 바로 허리띠다. 몰도바 남성의 허리띠는 직물과 양털로 만들며 보통 붉은색과 초록색 또는 파란색으로 이뤄져 있다. 길이가 3미터나될 정도로 매우 길다.


나나시: 신랑, 신부의 롤모델


몰도바 가정의례 중 가장 화려한 것은 혼례다. 젊은 청년은 나이가 많은 친척과 함께 신부의 집으로 가서 정식으로 결혼 승낙을 받는다. 신부의 부모가 승낙할 경우 약혼하는데, 약혼식에서 가장 중요한 것은 친부모를 대신할 대부와 대모 부부를 고르는 것이다. 대부를 나나샤, 대모를 나나시카라고 하며, 이들 부부를 나나시라고 한다. 가까운 사람 중에서 존경할 만한 부부를 나나시로 고른다. 나나시는 새신랑과 신부보다 나이가 많되, 신랑 신부의 부모보다는 어려야 한다. 나나시는 평생 부부의 스승 역할을 하고 어려운 문제를 해결하는 데 도움을 주어야 하며, 신혼부부는 나나시에게 조언을 구하고 명절마다 찾아가 인사를 드린다.

몰도바 전통 혼례에는 신혼부부에게 선물을 주는 의식이 있다. 이를 '마사 마레'라고 하는데 '큰 식탁'이라는 뜻이다. 마사 마레가 있는 날 아침에는 신부의 친구들이 모여 신부가 옷 입는 것을 도와주고, 신부가 젊음과 작별하는 것을 슬퍼하며 노래를 불러준다. 손님들은 신혼부부에게 선물을 주며 모두에게 들릴 정도로 큰 목소리로 축하의 말을 전하고 자기가 가져온 선물을 소개한다.

몰도바 전통 혼례에는 음악과 춤이 빠질 수 없다. 포도주를 실컷 마신 손님들은 '호라'를 추기 시작한다. 호라는 우리나라의 강강술래와 비슷한 것으로 사람들이 모여 서로 손을 잡고 둥근 모양을 만들어 원을 그리며 움직이는 춤이다. 독특한 점은 사람들이 모여 큰 원을 만들고, 다른 사람들이 모여 큰 원 안에 다시 작은 원을 만드는 식으로 원이 여러 개가 될 수도 있다는 것이다. 이때 큰 원에 있는 사람들이 오른쪽으로 움직이면, 작은 원에 있는 사람들은 왼쪽으로 움직인다. 원이 여러 개일 경우, 원마다 서로 다른 방향으로 움직이며 춤을 춘다.


몰도바 전통 축제 중 최고, 메르치쇼르


몰도바의 전통 축제 중 가장 큰 축제는 봄맞이 축제인 메르치쇼르

봄맞이 축제의 상징인 메르치쇼르.

Mertsishor다. 메르치쇼르는 예로부터 전해오는 몰도바 전통 축제 중에서 공식 국경일로 지정된 유일한 축제다. '메르치쇼르'라는 단어는 봄과 다산의 신이자 농업과 목축업의 수호자인 '마르수'에서 나온 것으로, 고대 몰도바인과 루마니아인은 3월이 되면 마르수에 대한 예를 올렸다. 메르치쇼르에는 얼어붙은 자연이 깨어나고 봄이 시작된 것을 축하하는 의미가 담겨 있다.

3월 1일이 되면 몰도바인은 모두 모여 이 축제의 상징인 메르치쇼르를 서로에게 선물한다. 메르치쇼르는 축제 이름이자 흰색과 빨간색 실로 만든 일종의 장신구를 말한다. 이것은 봄이 겨울과 싸워 승리했다는 것을 상징한다. 붉은색과 흰색의 조화는 메르치쇼르 전설에서 비롯되었다. 첫 번째 스노드롭(갈란투스)이 겨우내 쌓인 눈 밖으로 나오려고 애를 쓰는 걸 보고, 봄이 가시벚나무의 뾰족한 가지와 그 주변의 땅을 깨끗이 치워주었다. 이에 격노한 겨울이 매서운 바람을 일으켰고, 봄은 스노드롭을 구하려고 맞서 싸우다 가시벚나무에 찔려 상처를 입었다. 그러자 하얀 눈 위에 빨간 피가 떨어졌다. 이후 붉은색과 흰색은 메르치쇼르를 상징하는 색깔이 되었으며, 봄의 승리를 뜻하게 되었다. 일부에서는 흰색으로 상징되는 겨울에서 붉은 태양이 뜨는 봄으로 이동하는 것을 뜻한다고도 해석한다.

몰도바인은 3월 내내 메르치쇼르를 가슴에 달고 다니거나 팔목에 팔

찌처럼 착용하다가 3월 말이 되면 메르치쇼르를 나뭇가지에 매달아 소원을 빈다. 1967년부터 몰도바 정부는 메르치쇼르 국제 페스티벌을 조직했고, 이 축제에는 세계 각국의 예술가들이 참가하고 있다.


## 산적한 문제를 안고 있는 몰도바인


몰도바는 소련에서 독립한 다른 나라들과 똑같은 문제를 안고 있다. 몰도바인은 지속적인 경제난과 만연한 부패에 시달리고 있으며 정치는 불안정하다. 2015년 5월에는 국내총생산의 13퍼센트인 10억 달러가 증발하는 사건이 일어나 해명을 촉구하는 대규모 시위가 일어나기도 했다. 이 역시 고질적인 정치·경제 문제 때문이다. 몰도바 선거 때마다 친유럽 후보와 친러 후보 간 각축전이 주목 받는 것도 몰도바의 불안정한 상황을 말해준다. 이뿐만 아니라 루마니아와의 통합 문제, 몰도바에서 분리를 선언한 트란스니스트리아(드네스트르 공화국)와 같은 영토 문제도 안고 있다.

몰도바 국기.

트란스니스트리아 국기.

# II.   발트 해의 작지만 강한 민족

러시아와 스칸디나비아 반도 사이에는 발트 해가 있으며 발트 해 남쪽으로는 에스토니아인, 라트비아인, 리투아니아인 세 민족이 살고 있다. 1990년 소비에트 연방에서 가장 먼저 탈퇴를 선언했던 이 세 민족은 IT 업계, 아름다운 자연환경에 기반을 둔 관광산업 등에서 두각을 보이며 작지만 강한 민족으로 거듭나고 있다.

# 스카이프를 탄생시킨 IT 선두 민족

# 에스토니아인

변군혁

| | |
|---|---|
| **◆ 인구** | 에스토니아 전체 인구 1,294,455명 중 에스토니아인은 905,805명 (2016년 에스토니아 통계 자료) |
| **◆ 위치** | 유럽 발트 해 연안, 러시아 서부, 라트비아 북부 |
| **◆ 민족 구분** | 핀-우그르 |
| **◆ 언어** | 에스토니아어, 러시아어 (인구의 25퍼센트가 러시아인에 해당) |
| **◆ 문화적 특징** | 세계에서 가장 비종교적인 민족 (인구의 75퍼센트 이상이 무신론자) |

동쪽에 사는 사람, 에스토니아인

에스토니아Estonia(에스토니아어로는 Eesti)는 북유럽의 발트 해 지역에 있는 세 나라 중 하나로 동쪽으로는 러시아, 남쪽으로는 라트비아와 국경을 접하고 있으며, 발트 해 너머로는 스웨덴, 핀란드와 이웃하고 있다.

에스토니아인의 조상은 다른 발트 민족과는 달리 핀-우그르족이고,

에스토니아 수도인 탈린 전경. ⓒ 김혜진

공식어는 핀란드어, 사미어와 동일한 핀-우그르Finno-Ugric language 어족에 속한 에스토니아어를 사용한다. 러시아인이 많이 사는 동부 지역에서는 러시아어를 쓰는데, 동부의 나르바에서는 에스토니아어를 할 줄 모르는 사람이 더 많다.

'에스토니아'라는 이름의 유래를 뒷받침하는 가설 중 하나로 로마 시대 역사가인 타키투스Tacitus가 그의 저서 『게르마니아Germania』에서 에스토니아라는 단어의 기원으로 짐작되는 '에스티 Aesti'를 사용한 것을 들 수 있다. 이 단어는 단순히 에스토니아인만을 가리키는 것이 아니라 '동쪽에 사는 사람'이란 뜻으로 발트인 모두를 가리켰다고 한다.

탈린의 구도심(Old Town) 입구. ⓒ 김혜진

에스토니아에는 '유럽의 아마존'이라 불릴 정도로 넓은 삼림 지역이 있는데 이 지역이 국토의 61퍼센트를 차지하고 있다. 아울러 1400개 이 상의 호수, 지류가 162킬로미터에 달하는 보한두 Võhandu 강을 비롯한 수 많은 강과 1500개 이상의 섬을 끼고 있는 풍요로운 자연환경이 잘 보존 되어 있다.

인구는 약 130만 명으로 유럽연합 European Union: EU 가입국 중 인구가 가장 적다. 수도 탈린 Tallinn 에 40만 명 정도가 거주하고, 교육의 중심지 이자 제2의 도시인 타르투 Tartu 에는 10만여 명 정도가 살고 있다.

1219년 린다니세(Lyndanisse) 전투 도중 하늘에서 떨어지는 덴마크 깃발의 모습. 크리스티앙 아우구스트 로렌젠, 1809년 작.

### 탈린은 덴마크의 도시?

현재 에스토니아의 수도는 인구 40만 명이 사는 탈린으로 이 도시와 관련한 흥미로운 일화가 있다.

독일 주교 알베르트 공이 본격적으로 기독교화를 추진하는 동안 러시아와 스웨덴도 에스토니아를 차지하려는 욕구가 강해졌다. 그러자 알베르트 공은 덴마크 국왕 발데마르와 손잡고 1219년 탈린 지역에 도시

덴마크 문장.                    에스토니아 문장.

를 건설하기 시작했다. 하지만 그곳 주민들의 저항이 거세지자 발데마르는 거의 철수해야 하는 상황까지 이르게 되었다. 이때 하늘에서 가운데에 하얀 십자가가 그려진 빨간 깃발이 내려와 발데마르의 손에 떨어졌고, 그것을 신의 뜻으로 여긴 발데마르는 용기를 얻어 마침내 탈린을 공략했다고 한다. 오늘날 그 깃발은 덴마크의 국기로 사용되고 있다.

　도시명 탈린은 '덴마크의 도시'라는 '타니 린나 Taani linna'('타니'는 '덴마크', '린나'는 '도시'를 의미한다)에서 유래했다. 도시명에서 알 수 있듯이 덴마크의 영향은 오늘날 탈린뿐 아니라 에스토니아 여러 곳에서 찾아볼 수 있다. 대표적으로 덴마크 문장紋章의 대표적인 문양인 세 마리의 표범은 오늘날 에스토니아 문장에도 여전히 사용하고 있다.

오랜 질곡의 역사를 통과한 민족

에스토니아인은 건국 이래 끊임없이 외세의 지배를 받았다. 고풍스러운 중세 건물이 즐비한 탈린은 일 년 내내 관광객이 끊이지 않을 정도로 아름답지만, 여러 이민족의 지배를 받은 슬픈 역사가 서린 곳이다.

외세에 의한 지배는 1219년 덴마크가 에스토니아 북부 지역에 진출하여 탈린을 건설한 것을 시작으로 본격화되었다. 1227년에는 사렘마 Saaremma 섬 전투에서 에스토니아인이 독일-덴마크 연합 세력에게 패한 뒤 북부 지역은 덴마크, 나머지 지역은 독일이 분할 점령했다.

16세기 중반까지 덴마크와 독일의 지배를 받은 에스토니아는 리보니아 전쟁(1558~1583)으로 중동부는 덴마크, 북부는 스웨덴, 남부는 폴란드에 분할 지배되었다. 뒤이은 스웨덴-폴란드 전쟁(1600~1629)에서는 스웨덴이 승리하여 1710년까지 스웨덴에 복속되었다.

18세기 초부터는 러시아의 기나긴 지배가 시작되었다. 표트르 대제가 이끄는 러시아는 덴마크와 연합해 스웨덴을 몰아내고 1721년 에스토

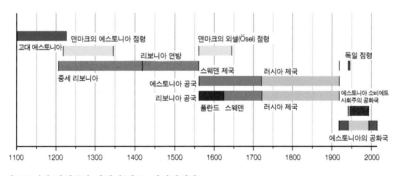

에스토니아 점령국과 점령기(자료: 위키피디아).

니아를 러시아에 복속시켰다. 이때부터 에스토니아는 1917년 러시아 혁명으로 제정러시아가 붕괴한 틈을 타고 1918년 독립을 선언할 때까지 러시아의 지배를 받았다.

이후 1918년부터 1940년까지 짧으나마 에스토니아는 독립의 기쁨을 누렸다. 하지만 1939년 독·소 불가침 조약에 따라 에스토니아는 소련의 세력권으로 묶이되어 소련군이 주둔하기 시작했고, 1940년부터 1991년까지 또다시 소련의 지배를 받게 된다.

이렇듯 발트 해 연안의 소국 에스토니아는 기나긴 세월 동안 외세의 지배를 받은 슬픈 역사를 갖고 있다.


평화의 노래로 독립을 얻어내다


1989년 8월 23일 발트 3국에 노래가 울려 퍼졌다. 50년 전 소련과 독일의 비밀 불가침 조약으로 소련에 강제로 병합되었던 그날 200만 명의 시민이 만든 인간 사슬은 에스토니아의 수도 탈린에서 라트비아의 수도 리가Riga를 지나 리투아니아의 수도 빌니우스Vilnius에 이르는 600킬로미터 이상의 '발트의 길'에 길게 이어졌다. 손을 잡은 사람들은 탱크와 총으로 가로막은 소련군에

다큐멘터리 영화 〈노래 혁명〉의 포스터.

140년 동안 이어진 에스토니아의 노래 축제(자료: 위키미디어). ⓒ ToBreatheAsOne

오직 평화의 노래로 대응했다. 세계사에 유례없는 대규모 비폭력 평화시위였다. 이날의 노래는 전 세계로 퍼져나갔고 결국 소련의 지배를 무너뜨리고 에스토니아의 독립을 이끌어냈다. 이 감동적인 이야기는 2008년 다큐멘터리 영화 〈노래 혁명The Singing Revolution〉으로 제작되기도 했다.

노래 혁명은 러시아 점령기였던 1869년 에스토니아 타르투 지역에서 국민들의 연대의식과 정체성을 확인하는 노래 축제에서 시작되었다. 오늘날에도, 독립을 외치며 불렀던 노래가 혁명의 꽃을 피웠던 바로 그 타르투에서 기쁨의 노래 축제로 바뀌어 전통을 이어가고 있다. 5년에 한 번씩 전국의 아마추어 합창단이 타르투에 모이는 '에스토니아의 노래 축제(라울루피두Laulupidu)'는 140년 동안 이어져왔다. 야외에서 열리는 이 행사는 3만 명의 합창단이 수십만 명의 관중 앞에서 노래하는 장관을 연출한다. 행사가 열리면 에스토니아 국민들은 물론이고 외국에 사는 교민들도 참석해 민요와 현대음악을 곁들여가며 합창을 한다.


러시아와의 끝나지 않은 갈등


에스토니아는 러시아의 오랜 지배에서 벗어난 뒤 2004년 나토North
Atlantic Treaty Organization: NATO 에 가입하는 등 친서방 정책을 펴는 반면 러
시아와는 일정한 거리를 유지하고 있다. 두 나라 사이에는 여전히 마찰
이 있는데 일례로 소련군 동상 철거와 관련한 양국의 갈등을 들 수 있다.

소련군 동상은 1944년 독일이 점령하고 있던 탈린을 소련군이 탈환
한 것을 기념하기 위해 1947년에 세운 것으로, 많은 에스토니아인에게
는 소련에 의한 강제 병합의 상징으로 인식되었다. 반면 에스토니아에
사는 러시아인들은 전승기념일마다 동상 앞에서 기념식을 거행하며 이
곳에서 민족적 자긍심을 느낀다.

2007년 총선에서 승리한 집권 여당은 수도인 탈린에 있는 구시대 유
물인 구소련군 동상을 이전하기로 결정했다. 그러자 에스토니아에 살고
있던 러시아인들이 이에 반발하며 항의 시위를 벌였다. 시위대 소요는
탈린 시내의 상가를 파괴하고 약탈하는 행동으로까지 번졌다.

러시아 주민의 반대에도 에스토니아 정부는 새벽녘에 동상 이전을
강행했다. 그러자 러시아는 곧바로 에스토니아와 외교 단절을 선언하고,
에스토니아 상품에 대한 불매운동을 벌이는 등 양국 간에 심각한 외교
문제로 비화되기도 했다.

에스토니아는 러시아와 일정한 거리를 유지하려고 하지만 총인구의

소련군 동상 이전을 반대하는 러시아인들(자료: 위키미디어). ⓒLeena Hietanen

탈린 군사묘지로 이전된 소련군 동상(자료: 위키미디어). ⓒgette

25퍼센트 정도를 차지하는 러시아인을 결코 무시할 수 없어 러시아와 마냥 각을 세울 수도 없는 상황이다. 2014년 우크라이나에서 일어난 분리독립 이야기가 먼 나라만의 이야기는 아니다.


## IT로 세계에 우뚝 선 에스토니아인

에스토니아는 우리에게 잘 알려진 나라는 아니지만, 중세 유럽의 아름답고 고풍스러운 건물과 함께 세계 첨단기술을 자랑하는 IT 강국이다. 전 세계에 6억 명이 가입해 있는 인터넷 전화 스카이프Skype를 개발하는 데 에스토니아인 아티 헤인라Ahti Heinla, 프리트 카세살루Priit Kasesalu, 얀 탈린Jaan Tallinn이 참여했고, 스카이프의 본사는 에스토니아 수도 탈린에 있다. 스카이프는 이동통신망이 아니라 인터넷망을 통해 전화 서비스를 제공하는데, 값비싼 나라 간 이동통신 장벽을 허문 획기적인 발상이었다. 우리나라에서도 얼마 전까지만 해도 인터넷, 휴대전화 사용자들에게 필수 서비스였다.

이처럼 에스토니아가 IT 강국으로 성장할 수 있었던 것은 1991년 소련에서 독립한 이후 IT 산업을 경제성장의 동력으로 삼고 집중적으로 투자한 덕분이다. 이러한 노력으로 에스토니아는 세계에서 인터넷 속도가 가장 빠른 나라이며, 수도인 탈린 중심지에 있는 건물들은 대부분 와이파이 설비를 갖춘 IT 강국이 될 수 있었다.

또 에스토니아는 세계 최초로 전자 투표를 도입한 나라로도 유명하다. 2000년 전자 서명의 효력이 손으로 쓴 서명과 동일한 효력을 발휘한

스카이프 발명의 주역들. 왼쪽부터 아티 헤인라, 토이보 아누스, 프리트 카세살루. 이 중 아티 헤 인라와 프리트 카세살루는 에스토니아인이다(자 료: 위키미디어). ©Joi Ito

스카이프 발명의 주역인 얀 탈린(자료: 위키미디어). ©Christopher Michel

다는 '디지털 서명 법령Digital Signature Act'이 통과되어 국가에서 발행한 디지털 ID 카드로 인터넷 투표를 시행했다. 투표는 전자칩이 내장된 정부 발급 ID카드를 컴퓨터에 연결된 판독기에 삽입해 개인을 식별하는 방식으로 진행되었다. 2005년 지방선거에서 온라인 투표를 도입하며 공직 선거에서 세계 최초로 온라인 투표를 시행했다. 당시 아르놀드 뤼텔 대통령은 "부정투표의 위험성이 있다"는 이유로 인터넷 투표 시행안에 서명하길 거부했다. 하지만 대법원이 "인터넷 투표가 기술적으로 투표의 비밀원칙을 유지할 수 있다"며 법안에 대해 합법 판결을 내리면서 투표가 예정대로 진행되었다. 2007년과 2011년에 치러진 국회의원 선거에서도 디지털 투표가 시행되었는데, 2011년 선거에서는 유권자 중 14만 846명(인구 대비 약 10.6퍼센트)이 인터넷을 통해 투표했다.

국제통신연합회International Telecommunication Union의 2011년 자료에 따르면, 에스토니아는 인구의 77퍼센트가 인터넷에 가입했고, 인구수를 뛰어넘은 인구수 대비 140퍼센트 이상이 휴대전화에 가입한 IT 강국임을 알 수 있다.

일본의 덴쓰 커뮤니케이션 연구소Dentsu Communication Institute가 2006년에 내놓은 자료에 따르면, 에스토니아인의 75.7퍼센트가 무신론자라고 응답했다. 에스토니아 민족에게는 전통적으로 다신교 신앙이 있지만, 에스토니아인 대다수가 무신론자인 이유는 외세 침략과 연관 지을 수 있다. 현재 에스토니아의 주요 종교는 루터파 개신교, 러시아 정교다. 이 종교들은 외세 침략과 함께 에스토니아에 전파된 것으로 에스토니아인에게 거부감이 있다고 볼 수 있다.

에스토니아인은 무신론적 경향과 다르게 과학에 대한 관심은 지대하다. 기나긴 외세의 지배에서 벗어난 에스토니아인이 선택한 것이 바로 IT 산업의 육성이다. 에스토니아인은 IT 산업에서의 세계적인 경쟁력을 바탕으로 다시는 외세의 지배를 받지 않도록 강한 민족이 되기를 원하는 듯하다.

이처럼 에스토니아인은 과거의 오랜 외세 지배에서 벗어나 첨단 기술력을 갖춘 IT 강국으로 도약하는, 우리가 주목해야 할 발트 해의 강소 민족이다.

청정 자연 속 전통문화를 이어가는 민족

# 라트비아인

| | |
|---|---|
| ◆ **인구** | 라트비아의 전체 인구 1,997,500명<br>(2014년 5월 기준 라트비아 통계청 자료, 인구의 61.4퍼센트가<br>라트비아인) |
| ◆ **위치** | 발트 해 연안, 러시아 북서부, 북쪽 에스토니아, 동쪽 러시아,<br>남쪽 리투아니아와 경계를 이룸 |
| ◆ **민족 구분** | 발트 |
| ◆ **언어** | 라트비아어, 러시아어<br>(라트비아 인구의 26퍼센트가 러시아인) |
| ◆ **문화적 특징** | 다민족, 다언어 국가, 개신교 |

발트족과 핀족이 만나 라트비아인이 되다

라트비아인은 발트 해 연안에 있는 나라 라트비아의 주요 민족이다. 라트비아인은 발트족에 속하며 레트족이라고도 한다. 오늘날의 라트비아 민족이 형성되기 전까지 '라티시(라트비아인)'는 러시아인에게 좁게는

라트비아는 역사적·문화적으로 네 개 지역으로 나뉜다. 왼쪽부터 쿠제메, 젬갈레(이상 노란 색), 비제메(주황색), 라트갈레(녹색). 젬갈레 지역은 13세기 말 정복된 곳으로 16세기 쿠를 란트 공국 시절 쿠제메에 속해 있다가 후에 분리되었다. 노란색 표시 하단의 아우그시제메는 셀로니아라고 알려진 곳으로 19세기 말부터 이미 라트갈레라고 불리고 있었다.

라트갈레인을 뜻했으며, 넓게는 라트갈레인과 친족 관계에 있는 모든 발트 민족을 일컫는 말이었다. 라트비아 민족은 13세기부터 17세기에 이르는 동안 라트갈레인, 젬갈인, 쿠로니아인, 셀로니아인 등 고대 발트 민족과 함께 리보니아인이라고 불리던 핀-우그르족이 연합해서 생겨났다.

라트비아인의 종교는 다양하다. 가톨릭 국가인 폴란드와 리투아니아, 그리고 정교 국가인 러시아가 이웃하고 있기 때문이다. 2011년 기준 인구의 34.2퍼센트가 개신교도이고, 24.1퍼센트가 가톨릭교도이며, 정교도도 17.8퍼센트에 달한다.

알록달록 화려함의 극치, 전통 의상

　여성 의상은 상의와 치마, 조끼가 기본이며, 남성 의상은 조끼와 바지, 길거나 짧은 카프탄(겉옷)으로 이루어져 있다. 비제메 지역에서는 주로 줄무늬 스커트 또는 체크 스커트에 흰색의 빌라이네와 자수 장식을 선호했다. 젬갈레 지역에서는 머리에 실크 스카프를 두르는데, 미혼 여성은 매듭을 머리 뒤에서 묶고, 기혼 여성은 턱 밑으로 묶었다. 또는 미혼 여성은 금속 화관, 기혼 여성은 견으로 만든 레이스 두건을 쓰기도 했다. 전통 케이프인 빌라이네 villajne 는 커다란 브로치인 삭타 sakta 로 고정시켰다.

　라트비아 민족은 오랜 세월에 걸쳐 형성된 전통문화를 소중하게 보존하고 있다. 라트비아의 문화는 농경문화다. 그들의 전통적인 주거 형태는 마당이 딸려 있고 개방된 아궁이가 있는 목조 가옥이다. 전통 의상은 사제복처럼 생긴 긴 상의인 루바하다. 여성은 털실로 짠 흰색 머리쓰개를 하고 전통 장신구 삭타로 이를 고정시켰다. 라트비아인은 장신구에 주술적인 힘이 있다고 생각해서 가족의 여러 의식에서도 사용했다. 장신구는 종족이나 가문, 지역 또는 사회적 신분을 나타내는 것으로, 혼인한 여성은 남편 가문의 장신구를 지녔다. 주거 또는 의복, 가족과 달력에도 가문을 상징하는 장신구가 쓰였다.

　여성의 의상은 긴 루바하에 줄무늬 또는 체크무늬 치마, 케이프로 이루어져 있고, 지역마다 재봉법이나 배색, 장신구가 약간씩 달랐다. 머리쓰개를 묶는 위치와 천이나 레이스 또는 비즈 장식으로 화관을 만드는지에 따라 기혼 여성과 미혼 여성이 구별되었고, 명절이나 외출 시에는 앞

젬갈레와 아우그시제메의 전통 외출복 차림. 동부 지역에서는 명절이 되면 남성들은 라테네(ratene)라고 하는 챙이 넓은 검은색 또는 회색 모자를 쓰고, 여성은 흰색 머리쓰개와 앞치마를 둘렀다. 동부 지역의 남성복은 단색과 장식이 거의 없는 것을 선호한다. 기혼 여성은 두건 모양의 흰 모자를 쓴다.

비제메와 라트갈레의 겨울 전통 의상. 남녀의 겉옷 모양이 크게 차이가 나지 않으며 카프탄의 길이와 장식으로만 구분되었다. 남성과 여성 모두 양모피 외투를 입었다.

치마를 입는 것이 예의였다. 남성 의상은 여성 의상에 비해 단조로웠다. 셔츠와 허리띠, 목도리, 털모자, 장갑 차림에 옷자락이 긴 흰색이나 회색 또는 청색의 겉옷 카프탄을 입으며, 하의는 카프탄과 같은 색깔로 맞춰 입거나 체크무늬의 바지를 입었다. 바지는 알록달록한 양말 안에 집어넣고, 신발은 장화 또는 짚신을 신는다. 명절에는 반드시 챙이 넓은 검은색이나 회색 모자를 써야 했다.

전통적으로 라트비아는 부계 중심의 소가족 제도로 이루어져 있다. 라트비아인은 오래 전부터 축산업과 아마 재배, 채소밭 경작, 수공업으로 유명했으며, 가내수공업이 이들의 생계 수단이었다. 이들은 가장인 남편이 모든 재산권을 소유했는데, 대장장이 일부터 목공, 직물 짜기와 뜨개질 등 일상적인 집안일은 여인의 몫이었다. 습기가 많고 차가운 기후 탓에 털실로 짠 물건들을 만들어 사용하는 옛 전통이 여전히 유지되고 있다.

## 유기농 청정 재료의 라트비아 식탁

라트비아 식탁에 오르는 전통 식재료는 밀가루와 곡물, 완두콩, 콩이다. 빵을 좋아하는 라트비아인은 주로 호밀 가루로 만든 신맛의 빵을 즐기며 곱게 빻은 삼씨에서 감자와 죽에 곁들일 소스를 얻는다. 라트비아의 음식은 주로 유제품과 허브 식품, 돼지고기로 이루어진다. 전통 음식으로는 보리, 소금, 단맛 우유와 산유酸乳를 첨가한 야채수프 '푸트라'와 '카포스티'라고 부르는 야채수프, 우유죽, 완두콩이나 콩으로 만든 경단이 있다.

명절에는 비계가 들어간 파이와 쿠키, 육류 요리를 즐긴다. 성탄절이나 새해에는 발효시킨 양배추를 곁들인 돼지머리를 내놓고 부활절에는 달걀과 육즙으로 만든 젤리를 먹는다. 하지夏至 축제인 이바노프 날에는 응유(탈지유에 산 또는 응유효소를 첨가해서 얻은 응고물)로 만든 '야노프 치즈'를 먹는다. 전통 음료로는 호밀 가루로 만든 따뜻한 꿀물과 보리 맥주, 자작나무 수액과 단풍나무 수액이 있다. 라트비아인은 청어와 가자미를 특히 좋아하는데, 이들은 리보니아 해안과 쿠를란트 해안에서 신선하게 공급받는다.

1752년에 이미 유럽에 널리 알려진 리가 블랙 발삼은 라트비아를 대표하는 전통술이다. 스물네 가지 이상의 허브를 섞은 리가 블랙 발삼은

리가 블랙 발삼(좌)과 야노프 치즈(우)
(자료: 위키미디어).
좌: ⓒ Simm, 우: ⓒ Xil

45도의 독주로 칵테일로도 이용되고 커피나 차, 아이스크림에도 곁들여 먹는다. 러시아의 예카테리나 여제가 리가를 방문했을 때 심한 감기에 걸리고 소화불량을 앓았는데 리가 블랙 발삼을 먹고 치료되었다고 전해지면서 의약적 효과를 가진 것으로 알려졌다.

### 정중동의 멋과 흥을 아는 민족

라트비아인은 조용하고 서두르지 않으며 근면하다. 라트비아인은 힘든 어려움을 잘 견디며 짧은 시간에 많은 일을 한다. 아이가 많지 않은 가정에서 독립적으로 자라고, 성인이 되어서는 보통 부모와 떨어져 살기 때문에 라트비아인은 자신의 감정을 드러내지 않는 데 익숙하다. 그러다

1873년부터 5년에 한 번씩 열리는 라트비아의 '가무 축제'. 2003년 유네스코 무형문화재에 등재되었다(자료: 위키미디어). ⓒDainis Matisons

보니 부모에 대한 애착이 거의 없고, 대인 관계도 적은 수에 만족한다. 상대적으로 사교성이 떨어지지만, 남과의 상호관계에서는 상당히 신중한 편이다.

라트비아인은 간혹 무뚝뚝하다는 인상을 주기도 한다. 이것은 심리와 문화, 민족의 생활양식에서 형성된 것이다. 라트비아인은 수 세기 동안 농가에서 고립되어 살았기 때문에 개인주의적이고 독립적이다. 이들은 사람을 평가할 때 정직과 근면함, 노동력과 솜씨를 중시한다. 그래서 동향 사람이라고 해도 게으른 사람과는 친해지려 들지 않는다. 충돌을

미하일 바리시니코프가 미국으로 간 후 주연배우로 활약한 영화 백야의 포스터.

좋아하지 않는 라트비아인은 상호관계에서 대체로 인내하는 편이지만, 전체에 해를 끼치는 사람은 용납하지 않는다.

　라트비아인은 노래와 춤을 좋아한다. 우리나라의 강강술래처럼 손을 맞잡고 둥그런 원을 만들어 돌며 민요를 부른다. 라트비아를 대표하는 인물에는 이사야 벌린 같은 철학자와 소련 시절 유명했던 혁명가, 정치위원뿐만 아니라 예술가도 유달리 많은데 이는 라트비아의 민족성과 연관이 있을 것이다. 오드리 헵번의 멋진 점프 장면을 찍은 유명 사진작가 필립 할스먼과 성악가 이네사 갈란테, 바이올리니스트 기돈 크레머, 첼리스트 미샤 마이스키, 현존하는 최고의 마에스트로로 추앙받는 지휘자 마리스 얀손스, 지휘계의 신성 안드리스 넬슨스, 세계 최고의 발레리노로 칭송받던 미하일 바리시니코프 등이 라트비아 출신이다.


한자동맹의 중심지에서 외세 지배의 역사 속으로


기원전 9000년부터 라트비아 땅에는 남쪽에서 사냥꾼과 어부, 인종을 알 수 없는 사람들이 와서 살기 시작했다. 기원전 3000년에는 빗살무늬 토기 문화를 가진 종족이 동부 유럽에서 라트비아로 움직이기 시작했다. 이들은 백인종이었지만 몽골인종의 특징도 있었는데 이들이 바로 발트 핀족의 조상이었다.

기원전 2000~기원전 3000년 말 발트족이 비슬라 강과 오데르 강, 드네프르 강 사이의 영토에서 줄무늬 토기 문화를 가지고 라트비아로 들어왔다. 이들은 주로 농업과 축산업에 종사했다. 이로부터 약 천 년 뒤 라트갈레인, 쿠로니아인, 젬갈인, 셀로니아인, 리보니아인을 비롯해 또 다른 핀-우그르족의 후손들이 라트비아에 터전을 잡았다.

'라트'라는 말은 라트갈레인에 의해 전해진 것으로 알려져 있는데, 이 말은 그들이 라트비아 땅으로 들어오기 전에 원래 살고 있었던 다우가바 강(유럽에서 드비나 강으로 알려져 있다) 상류에서 기원한 말이다. 오늘날의 벨라루스와 러시아가 인접한 국경지역에 당시 라트 문화를 따르는 민족이 살았고, 그들은 스스로를 '라티시(라트비아인)'라고 일컬었다.

1201년 독일 브레멘의 대주교 알베르트는 라트비아와 에스토니아의 여러 지역들을 통합하여 새로운 독일의 영토인 리보니아를 건설했다. 라트비아의 수도 리가는 이때부터 한자동맹의 주역 도시로서 맹위를 떨치기 시작했다.

13세기 초 라트비아에는 쿠로니아인, 라트갈레인 등 여러 민족이 지역별로 흩어져 살고 있었고, 리가 주변에는 어업과 목축업에 종사하던 리보니아인(리브인)이 살고 있었다. 리보니아인은 현재 리투아니아나 라트비아인 같은 발트족이 아니라 핀란드나 에스토니아인과 혈통이 비슷한 핀-우그르족이었다. 리보니아인은 지금의 에스토니아와 라트비아의

리가의 문장. 13세기 전반기 리가의 상징이던 두 열쇠가 교차된 모양 아래로 두 개의 탑이 있는 도시의 주홍빛 외벽이 있다. 열린 문 사이로 보이는 황금사자, 맨 윗부분의 왕관과 십자가, 주홍빛 혀를 내민 양옆의 수호 사자를 추가해 1925년 오늘날의 리가 문장이 만들어졌다.

해안 지역에 살고 있었다. 당시 리보니아인의 숫자는 발트인에 비해 현저히 적었지만 독일인과 접촉이 많은 해안 지대에 살았던 이유로, '리브인의 땅'이라는 뜻의 리보니아라는 이름이 붙었다. 그 뒤 리보니아인은 정작 독일인에 동화되거나 다른 곳으로 이주해 사라졌지만, 리보니아인과 관련이 없는 발트인이 사는 지역까지 리보니아라고 부르게 되었다.

흥미로운 사실은 크리스마스 분위기를 한껏 올려주는 크리스마스 트리의 역사가 바로 이 리보니아에서 시작되었다는 것이다. 1510년 리가 시청 광장에 한 상인이 나무를 쌓아올려 만든 세계 최초의 크리스마스 트리를 세웠다. 2010년 라트비아에서는 크리스마스 트리 탄생 500주년을 기념해 대대적인 행사를 펼쳤다. 하지만 이웃 나라 에스토니아가 이에 발끈하며 크리스마스 트리의 원조는 자신들이라고 주장했다. 그들은 1441년 탈린 시청사 앞에 트리를 설치해 미혼 여성들과 상인들이 그 주위를 돌며 춤추었는데 이것이 최초의 크리스마스 트리라고 했다. 여하튼 크리스마스 트리는 라트비아에서 시작해 독일로 널리 퍼졌다고 알려져 있는데, 원조 논쟁을 떠나서 라트비아와 에스토니아, 이 두 나라를 품고 있었던 리보니아 공국과 이곳을 오가던 상인들로부터 시작되었다.

독일의 지배하에 놓여 있던 리보니아는 이후 스웨덴의 지배를 받게 되었다. 1558년 러시아가 일으킨 리보니아 전쟁으로 리투아니아의 보호를 받는 리보란드 공국과 쿠를란트 공국이 세워졌다. 17세기 초 폴란드-리투아니아와 스웨덴의 전쟁 결과, 스웨덴이 리가와 리보란드 공국을 차지하고, 쿠를란트 공국은 폴란드-리투아니아의 영향하에 위성국으로 남아 있었다.

17세기 중반부터 쿠를란트 공국은 동방의 네덜란드를 표방하며 비약적으로 발전했다. 당시 쿠를란트 공국의 선단船團이 대서양을 누비고 다녔으며, 서인도 제도의 토바고와 아프리카의 감비아에 해외 식민지를 만들 정도였다. 그러나 18세기 초 스웨덴과 러시아의 전쟁 결과 리보란드 지역이 러시아의 지배에 들어갔고, 18세기 말 폴란드 영토가 분할되면서 쿠를란트 역시 러시아의 지배를 받게 되었다.

제1차 세계대전에서 러시아가 독일에 패하자, 라트비아는 독립을 선언했다. 이후 라트비아는 괄목할 만한 발전을 했지만, 1939년 또다시 소련과 나치 독일이 밀약을 맺으면서 소련의 영향권에 놓이게 되었다. 제2차 세계대전이 일어나자 소련은 라트비아를 병합했고, 이후 1991년 소연방이 해체되면서 독립했다.

줄어가는 인구, 늘어가는 근심

라트비아인에게 20세기는 그야말로 굴곡의 역사였다. 제1차 세계대
전 당시 독일 군대가 국경을 넘어오자 라트비아인 50만 명 이상이 러시
아로 피난했다. 제2차 세계대전 중에는 인구의 1/3이 죽거나 독일로 끌
려갔다. 소련으로 편입되는 과정에서 약 13만 명의 라트비아인이 해외
로 망명했고, 1953년까지 약 12만 명의 라트비아인이 죽거나 시베리아
로 강제 이주를 당했다. 한편 약 75만 명의 러시아인이 러시아보다 산업
환경이 좋은 라트비아로 이주하면서, 정작 라트비아인의 비율은 총인구
의 52퍼센트 선으로 줄었다.

라트비아인의 러시아 이주는 총 세 차례에 걸쳐 이루어졌다. 1차 시
기는 19세기 중반 라트비아를 버리고 떠나온 사람들이었고, 2차 시기는
라트비아에서 행해진 스탈린의 탄압을 피해온 5만 명에 이르는 이주민
이었으며, 3차 시기는 소련 시절 자발적으로 이주해온 사람들이었다.
1920~1930년대에는 레닌그라드(상트페테르부르크의 전 이름) 지역에 라
트비아 학교와 라트비아어 교육기관이 늘어나고 라디오 방송국에 라트
비아어 분과가 생길 정도였다. 하지만 1930년대 말부터 시작된 탄압과
전쟁으로 라트비아인의 수는 현저히 줄었다. 게다가 러시아인과 자연스
레 섞이면서 스스로를 라트비아인이라고 생각하는 사람들이 줄기 시작
했다. 2005년 통계에 따르면 라트비아인의 수는 160만 명으로, 100년 전
에 비해 훨씬 줄었고, 이러한 상황은 소련에서 독립하고 난 이후에도 개
선되지 않았다. 라트비아가 유럽연합에 가입한 뒤 많은 사람이 서유럽으
로 급속히 이민을 가면서 상황이 더 악화되었다. 현재 라트비아인은 라

1935년에 세워진 자유의 여신상. 손에 든 세 개의 별은 라트비아의 세 문화권인 쿠제메, 비제메, 라트갈레를 상징한다. 동상이 세워질 당시 젬갈레 지역은 독립된 행정구역이 아니어서 별이 세 개만 있다.

트비아 외에도 리투아니아, 에스토니아, 스웨덴, 영국, 독일, 미국, 캐나다, 러시아, 우크라이나, 벨라루스, 남아메리카, 카자흐스탄에 많이 살고 있다.

라트비아는 1991년 소비에트 연방에서 독립한 뒤 친미, 친서방 정책을 펴고 있다. 독립 직후부터 라트비아어 사용을 의무화하는 민족주의 정책을 시행하고 있으며 대부분의 인구가 러시아어를 제2의 공용어로 지정하는 것에 반대하고 있다. 하지만 러시아어가 능통한 사람이 인구의 81.2퍼센트를 차지하고, 37.5퍼센트가 모국어로 러시아어를 사용할 만큼 러시아어의 영향력은 아직도 상당해서, 러시아인과 갈등을 겪고 있다. 수도 리가만 해도 라트비아인보다 러시아인이 훨씬 많다. 그뿐만 아니라 라트비아 내의 여러 다른 민족이 라트비아어와 라트비아의 문화와 전통을 배우려 하지 않는 것도 문제다.

라트비아인이 가진 예민한 민족 문제에는 미묘한 감정의 차이가 있다. 지식인층과 젊은이들 사이에는 일부 다른 민족을 무시하는 태도가 형성되어 있다. 어떤 이들은 과거 소련에 속해 있을 때 겪었던 민족적 설움 때문에 이와 같은 상황이 생겼다고 보기도 한다. 라트비아인은 국제 관계라는 미묘한 상황 속에 라트비아에 사는 상당수의 러시아인, 벨라루스인, 폴란드인과 복잡한 관계에 놓여 있다. 그러나 전통적으로 이웃을 사랑하는 라트비아인의 민족성을 생각하면 이러한 문제들은 차츰 좋아질 것으로 기대된다.

# 한국인과 많이 닮은 한과 흥을 지닌 민족

# 리투아니아인

박미령

| | |
|---|---|
| **◆ 인구** | 2,884,787명<br>(2016년 2월 기준, 리투아니아 통계청 자료) |
| **◆ 위치** | 발트 3국 중 남쪽에 위치. 북유럽에 속하며 동쪽과 남쪽은 벨라루스,<br>서쪽은 발트 해, 남서쪽은 러시아 칼리닌그라드 주와 폴란드,<br>북쪽은 라트비아와 인접 |
| **◆ 민족 구분** | 발트 |
| **◆ 언어** | 리투아니아어 |
| **◆ 문화적 특징** | 독일, 폴란드, 러시아의 침략과 지배를 받았던 굴곡의 역사에도 불구하고<br>민족적·언어적 정체성을 지켜옴 |

2011년 이문열은 『리투아니아 여인』이라는 소설을 발표했다. 이 책은 국내 예능프로 〈남자의 자격〉으로 유명해진 박칼린을 모델로 한다. 박칼린의 어머니는 리투아니아 태생으로 한국 남자와 결혼했다. 소설에서 박칼린을 중심으로 벌어지는 이야기는 리투아니아인에 관한 정보를 얻으려고 하는 한국 독자들의 기대에 부응하지는 못했다. 그렇지만 책 제목 덕분에 리투아니아라는 나라가 있다는 사실을 알리는 데에는 성공

했다.

사실 리투아니아라는 국명은 농구에 관심 있는 사람이라면 낯설진 않을 것이다. 88올림픽 당시 미국을 꺾고 구소련을 승리로 이끈 주역이 바로 리투아니아 선수들이었으며, 세계적인 농구 스타 중 한 사람인 아르비다스 사보니스Arvydas Sabonis가 리투아니아를 대표하기 때문이다. 그는 우리에게 박지성과 같은 인물이라고 볼 수 있는데 그 덕분에 리투아니아에서는 농구가 가장 유명한 스포츠가 되었다.

지금까지 한국에 리투아니아가 잘 알려지지 않은 것은 구소련 때문이다. 같은 북유럽 국가인 스웨덴, 덴마크 같은 나라들은 잘 알면서 리투아니아가 북유럽이라는 것과 독립국이라는 사실은 잘 모르고 있다. 리투아니아는 구소련이 붕괴하기 전까지 오랜 세월 구소련의 속국이었다. 그런 이유로 리투아니아는 갈 수 없는 나라, 구소련의 수많은 공화국 중의 하나로 여겨졌다. 그러나 한국이 일제강점기라는 치욕적인 시간을 보냈듯이, 리투아니아 역시 구소련 강점기에 누구보다 자유와 독립을 갈망했다. 리투아니아는 지리적인 위치상 구소련뿐만 아니라 독일 등 외세의 침략을 많이 받았지만, 단일민족을 유지해왔다. 또 자신의 정체성을 잃지 않기 위해 노력하고 흥이 있으며 긍정의 힘을 가진 매력적인 민족이다.


리투아니아인의 기원과 언어


발트 3국 중 리투아니아와 라트비아는 에스토니아와는 달리 발트족을 조상으로 한다. 리투아니아 민족은 중부 유럽의 남쪽과 남동쪽에서

서기 1200년경에 발트족이 분열된 모습
(자료: 위키미디어). ⓒMapMaster

리투아니아인의 민족지학적 구분
(자료: 위키미디어). ⓒRenata3

지금의 리투아니아 공화국 영토로 이동한 것으로 보인다. 발트 해 연안에 자리 잡은 발트족은 서와 동으로 갈라지고 현재 리투아니아 공화국이 있는 지역, 네만 강 하류를 따라 동 발트족인 사모기티아Samogitia(또는 제마이티야Žemaitija)족과 아우크스타이티아이Aukstaitiai족이 살았다.

리투아니아 민족은 보통 사모기티야, 수도비야Sudovia(수발키야Suvalkija) 또는 요트빈기야Yotvingians, 아우크스타이티아이, 주키야Dzūkians, 레투비닌카이Lietuvininkai 등 다섯 개 그룹으로 나뉜다. 레투비닌카이 그룹은 프러시아 리투아니아인Prussian Lithuanians, 또는 소 리투아니아Lithuania Minor라고 부르는데, 거의 사라진 상태다.

리투아니아(리투아니아어로 레투바Lietuva)라는 명칭이 처음 등장한 문헌은 1009년 『크베들린부르크 연대기Quedlinburg Chronicle』다. 이 문헌에는 슬라브어 명칭인 '리트바Litva'로 기록되어 있는데 이는 리투아니아어 '레투바'에서 파생된 것이다. 이때부터 리투아니아라는 명칭은 민족명과 국가명으로 사용되었다.

리투아니아인의 공식 언어인 리투아니아어는 인도-유럽어족에 속하며 고대 산스크리트와 상당히 유사하다. 리투아니아어는 인도-유럽어의 원형 대부분을 유지하고 있으며 가장 변화가 적은 것으로 알려졌다. 문자는 라틴문자를 사용한다.

## 유럽을 호령하던 리투아니아의 과거

1253년에 민다우가스Mindaugas가 즉위하면서 리투아니아는 통일국가의 면모를 갖추게 된다. 그는 최초의 리투아니아 왕이자 최초의 기독교 세례를 받은 왕이었다. 14세기 들어서 리투아니아 공국은 유럽에서 가장 큰 나라가 되었다. 1316년에 게디미나스Gediminas(1275경~1341) 대공이 왕으로 즉위한 뒤 1572년까지 그의 왕조가 지속되었다. 이 왕조는 리투아니아를 동유럽 최강 국가로 만들었고, 리투아니아 민족은 유럽의 중심 역할을 했다. 게디미나스는 리투아니아 영토를 우크라이나, 백러시아까지 확장하는 한편, 리투아니아를 끊임없이 넘보는 독일 중세 십자군 기사단인 튜턴 기사단의 침략을 저지하기 위해 노력했다. 그의 아들 알기르다스Algirdas 대공의 통치 기간인 14세기 중엽 리투아니아의 영토는 동쪽으로도 확대되었다. 요가일라Jogaila(1377~1401) 대공은 계속되는 독일 튜턴 기사단의 위협에 대응하기 위해 폴란드 앙주 왕조의 여왕 야드비가와 결혼하여 폴란드와 동맹 관계를 수립했고, 그 결과 튜턴 기사단을 무찔러 독일의 침략을 저지할 수 있었다. 당시 리투아니아는 동맹의 조건 중 하나로 로마 가톨릭교를 수용하게 되었다. 요가일라는 폴란

최초의 리투아니아 왕인 민다우가스 왕을
그린 동전.

14세기의 리투아니아 왕 게디미나스. 16세기
까지 그의 왕조가 지속되었다.

드 여왕과 결합하여 두 나라를 통치하게 되면서 브와디스와프 2세
Władysław II라고 불렸으며 야기에우워 왕가의 창시자가 되었다. 요가일
라의 후계자인 비타우투스Vytautus는 벨라루스와 우크라이나, 그리고 러
시아 일부를 포함해 발트 해에서 흑해까지 리투아니아 영토를 확장하여
리투아니아에 전성기를 가져왔다.

### 시련과 억압의 세월, 그리고 되찾은 독립

비타우투스가 죽은 뒤 리투아니아는 명목상으로는 폴란드 왕에게 예
속되어 있었지만, 자치권을 가지고 정치적인 문제에서 독자적 행보를 유
지했다. 그러나 러시아의 이반 4세가 발트 해 진출을 목적으로 리보니아

전쟁(1558~1583)을 일으킨다. 러시아의 세력이 발트 해로 밀려드는 긴박한 순간에 폴란드는 리투아니아에 연방을 강요했다. 대 귀족들의 반대에도 불구하고 리투아니아의 중소 귀족들은 전쟁을 피하려고 폴란드의 요구를 받아들이기로 한다. 이에 따라 1569년 폴란드와 리투아니아 간에 맺은 루블린 연합으로 두 나라는 폴란드-리투아니아 연방국가가 되었다. 표면적으로는 폴란드와 리투아니아가 연방국가로 각 나라가 독립을 유지한 듯 보이지만 사실상 리투아니아가 폴란드에 예속된 것이나 마찬가지였다.

폴란드와 리투아니아가 주변국의 침략에 맞서기 위해 정책적으로 합병한 연합국의 세력이 약해질 무렵 주변 나라들은 그 세력을 확장해나갔다. 상대적으로 강해진 오스트리아, 프로이센, 제정러시아는 1772~1795년에 조직적으로 폴란드-리투아니아 연합국을 분리해 유럽 지도에서 완전히 사라지게 했다. 그 때문에 폴란드와 리투아니아는 1918년 러시아 혁명이 일어날 때까지 독립국으로서 모습을 드러낼 수 없었다.

제1차 세계대전이 끝나갈 무렵인 1918년 2월 16일에 리투아니아의 독립이 승인되었다. 그렇게 잠시 독립의 순간을 맞이하기도 했지만, 1940년부터 리투아니아는 또다시 소련, 이어서 나치독일에 점령되는 수난의 세월을 보내야 했다. 그러나 그에 그치지 않고 제2차 세계대전이 끝나갈 무렵인 1944년 소련이 리투아니아를 재점령했다. 이때는 하나의 공화국으로서 소련에 편입되는 굴욕을 당하기도 했다. 그 후 소련이 붕괴하기 1년 전인 1990년 3월 11일에 리투아니아는 공식적으로 독립을 선언했다.

리투아니아 민족의 독립을 향한 의지는 '노래하는 혁명'으로 불리는

인간 사슬이 시작된 것을 기념하는 돌판. 리투아니 어로 '기적(stebuklas)'이라 는 뜻의 단어가 새겨져 있 으며 돌판은 빌뉴스 성당 에 있다(자료: 위키미디어). ⓒ Wojsyl

'발트의 길'에서 볼 수 있다. 발트의 길은 리투아니아의 수도 빌뉴스에서 시작해 라트비아의 리가와 에스토이나의 탈린에 이르는 620킬로미터의 인간 사슬이다. 3국의 운동가들이 협력해서 이룬 인간 사슬은 3국의 자유와 독립을 위한 침묵의 투쟁이었다.

### 굴곡진 역사를 담은 음식

리투아니아인은 오랜 기간 폴란드와 독일, 러시아의 지배를 받았기 때문에 그들의 문화적·정치적 영향을 강하게 받았다. 이에 따라 리투아 니아인의 음식 문화도 주변 민족들과 점차 유사해졌다. 리투아니아 음식

으깬 감자 요리 체펠리나이.                    감자 푸딩 쿠겔리스.

은 동유럽, 즉 폴란드, 우크라이나 음식과 비슷하며, 일부는 스칸디나비아, 헝가리, 루마니아, 그루지야 음식과도 유사하다. 리투아니아인은 감자를 상당히 즐겨 먹는데, 독일 음식 가운데 돼지고기 요리와 감자 푸딩도 리투아니아 음식에 영향을 끼쳤다. 또 차고 습한 리투아니아의 기후에서도 잘 자라는 보리, 감자, 비트, 딸기와 버섯류, 그리고 나물을 즐겨 먹는다.

감자 요리로는 감자 푸딩인 쿠겔리스kugelis 또는 구겔kugel과 감자 소시지인 베다라이vėdarai, 나무 모양의 케이크인 사코티스Šakotis가 있고 가장 전통적인 음식으로 체펠리나이Cepelinai가 있다. 체펠리나이는 폴란드 북부에서도 유행하는 음식인데 우리의 만두처럼 으깬 감자 속에 간 고기를 넣고, 때때로 치즈나 버섯도 넣어 반죽한 감자 요리다. 제1차 세계대전 당시 '밤하늘의 공포'라고 불린 독일의 체펠린 비행선을 닮았다고 붙은 이름이며 만들어진 감자에 크림 소스를 뿌리고 베이컨이나 돼지고기와 함께 먹는다. 가장 전통적인 음식의 이름이 하필 독일 침략 야심을 상징하는 체펠린 비행선에서 붙었다는 사실은 단순히 외관상의 유사성으로 생각해볼 수도 있겠지만, 왠지 리투아니아의 슬픈 역사를 드러내는 듯한 느낌이 든다.


리투아니아 소수민족의 혼을 담고 있는 전통 의상

리투아니아 민족 문화를 표현하는 가장 분명하고 독창적인 형태 중 하나는 민족의상이다. 리투아니아에서 많은 민속 앙상블은 전통 의상을 폭넓게 이용한다. 서민들은 민속놀이, 종교 행사, 민족 축제에 민속 의상을 입는다.

아우크스타이티아이에서는 밝은색 옷을 널리 입는데 그중에서도 주로 하얀색을 선호한다. 흔히 여성의 앞치마는 격자무늬나 줄무늬가 많고 아래쪽에는 문양이 있는 붉은 가로선이 들어가 장식 효과를 준다. 치마도 격자무늬 천으로 만든다. 기혼 여성은 머리 장식을 쓰고 다니는데 이를 '누오메타스'라고 한다. 반대로 수발키야 출신의 리투아니아인은 화려한 색을 좋아한다. 여성들의 앞치마가 특히 아름다운데 종종 선, 클로버 꽃이나 태양 무늬로 장식한다. 치마는 세로줄무늬 천으로 만든다. 보색은 사모기티야(제마이티야)인 전통 의상의 특징 중 하나다. 여성 의상은 문양으로 장식된 세로 또는 가로줄무늬가 있는 앞치마로 구성된다. 치마는 세로줄무늬 천으로 만들며 전통적인 나무 신발 '클룸페스'를 신고 머리와 어깨에는 스카프를 두른다. 클라이페스카야 주의 리투아니아인 의상은 어두운 색이 우세하다. 여성의 앞치마는 보통 세로줄무늬며 아래에는 문양이 있는 바이어스로 장식한다. 치마는 보통 격자무늬나 세

리투아니아인의 다양한 전통 의상(자료: 위키미디어). ⓒ Навка

로줄무늬 천으로 만든다. 이 지역의 여성은 복잡한 문양의 허리띠, 목도리를 하고 '델모나스'라고 부르는 가방을 허리띠에 고정한다. 주키야의 리투아니아 여성의 전통 의상은 격자무늬, 줄무늬, 흰색 앞치마, 넓은 허리띠와 격자무늬의 치마로 이루어져 있다. 리투아니아 여성은 전통 의상을 입을 때 반드시 목걸이를 한다. 목걸이는 주로 이 지역에서 흔한 호박으로 만든다. 리투아니아 미혼 여성은 리본과 구슬로 머리를 장식하며 머리 장식은 쓰고 다니지 않는다. 반대로 기혼 여성은 항상 머리 장식을 하는데 베레모나 모자, 스카프 등을 주로 쓴다.

남성의 민속 의상은 여성에 비해 지역별 차이가 거의 없다. 남자의 전통 복장은 여름과 겨울 바지로 이루어져 있다. 여름 의상은 하얀색 천이나 격자무늬 천으로 만들며 겨울 의상은 회색이나 어두운색 천으로 만든다. 축제 의상은 허리띠로 장식한다. 윗도리는 소매가 길고, 짚으로 만든 모자는 보통 남자의 여름 의상에 함께 착용한다.

유럽의 중심

　1989년 프랑스 지질학회는 리투아니아 수도 빌뉴스에서 북쪽으로 26킬로미터 떨어진 지점이 유럽의 중심이라고 발표했다. 물론 유럽의 경계를 어디에 두느냐에 따라 달라지겠지만, 리투아니아 국회 입장에서는 이 같은 소식이 매우 반가웠으며 여기에 커다란 의미를 부여하려고 노력했다. 독립한 지 얼마 되지 않아 국내 정세가 다소 혼란스러웠던 시기였기 때문에 리투아니아 정부는 국민의 자부심을 고취하고 리투아니아 민족을 단결시키는 좋은 계기로 삼기 위해 1992년에 유럽의 중심이

유럽의 중심 기념탑(자료: 위키미디어). ⓒ Wojsyl

라는 표시로 기념탑을 세웠다. 이 탑은 리투아니아인의 자부심일 뿐만 아니라 관광자원으로도 큰 몫을 하고 있다.


## 야외 예술 박물관: 십자가 언덕

유럽의 중심을 나타내는 기념탑과 함께 리투아니아인의 정신을 대표하는 또 하나의 명소는 십자가 언덕이다. 리투아니아는 유럽에서 가장 늦게 기독교화한 민족이지만, 현재는 리투아니아 국민 대부분이 독실한 가톨릭 신자다. 리투아니아인에게 신앙은 주변 나라들, 특히 종교를 인정하지 않았던 소련의 지배와 박해에 저항하는 유일한 힘이 되어 주었다. 리투아니아인이 자유와 독립을 기원하면서 조각한 십자가를 세웠던 곳이 어느새 십자가가 가득 찬 언덕이 되었다. 소련 점령 시절 이곳의 십자가를 주기적으로 철거했음에도 십자가는 끊임없이 다시 세워졌다. 십자가 언덕의 십자가 하나하나는 리투아니아인의 민속작품이자 리투아니아 민족의 강인한 정신과 자유, 독립을 향한 투쟁을 보여준다.


## 전통 신앙 '로무바'

오랜 시련을 겪은 역사 속에서도 민족과 언어의 단일성을 유지하고 있을 정도로 고유의 문화와 전통을 중시하는 리투아니아인은 노래를 사랑하고 즐길 줄 아는 민족이기도 하다. 합창을 널리 즐기는 것으로 세계

리투아니아 시아울리아이에 있는 십자가 언덕.

적으로 알려졌으며, 다양한 시간과 장소에서 노래를 즐긴다. 여러 가지 축제에서도 민요를 즐겨 부르는데, 그것은 리투아니아 문화의 근간에 가톨릭과 함께 이교 전통도 남아 있음을 말해준다.

그런 전통문화를 유지하고 민족의 단결을 위한 리투아니아인의 노력은 '로무바Romuva' 복원 운동으로 대표된다. '로무바'는 가톨릭을 수용하기 이전에 믿었던 전통 신앙인데 로무바 신봉자들은 민속과 관습에 남아 있는 발틱 이교 전통을 계승해나가야 한다고 주장한다. 그들은 전통적인

로무바의 상징이며 세계 수를 의미 　　　　로무바 의식
(자료: 위키미디어). ⓒNyo 　　　(자료: 위키미디어). ⓒMantas LT

예술 형태를 거행하는 일, 발틱 민속을 다시 전수하고 전통적인 축제를
열고 전통적인 발틱 음악을 연주하며 민요를 부르는 행위 자체가 문화적
자존심을 지키는 것이라고 생각한다. 리투아니아인은 이 로무바 운동을
통해 리투아니아 고유의 민족혼을 되살리고 민족의 단결과 화합을 도모
하기 위해 노력한다.

# III.   유라시아 대륙을 달리던 민족

유라시아를 논할 때 빼놓을 수 없는 지역이 중앙아시아다. 기원전부터 여러 민족이
오갔던 중앙아시아에는 페르시아, 튀르크, 몽골, 러시아 등 다양한 문화의 흔적이
남아 있다. 오늘날 이곳에는 카자흐인, 우즈베크인, 키르기스인, 투르크멘인, 타지
크인이 각각의 이름을 딴 공화국을 이루며 살고 있다.

# 유라시아 대륙 유목민족의 후예

# 카자흐인

김상철

| | |
|---|---|
| **• 인구** | 1700만 명(카자흐스탄: 1120만 명) |
| | (2014년 카자흐스탄 통계청 자료) |
| **• 해외 거주** | 중국(150만 명), 우즈베키스탄(110만 명), 러시아(68만 명), |
| | 몽골(10만 명), 독일(4만 6000명), 투르크메니스탄(4만 명), |
| | 키르기스스탄(3만 3000명), 터키(1만 명) 등 |
| **• 위치** | 북단은 모스크바, 남단은 한반도의 북부와 비슷한 위도 |
| **• 민족 구분** | 튀르크계와 몽골계의 혼종 |
| **• 언어** | 키릴문자 카자흐어(카자흐스탄), 러시아어(카자흐스탄), |
| | 아랍문자 또는 라틴문자 표기 카자흐어(해외 카자흐인 공동체) |
| **• 문화적 특징** | 튀르크 전통문화와 몽골 전통문화를 기반으로 하는 이슬람(수니파) |
| | 문화와 상대적으로 후대에 유입된 러시아 문화가 공존 |

  카자흐인은 중앙아시아에 있는 카자흐스탄의 주류 민족으로 카자흐
스탄 인구의 63.6퍼센트를 차지한다. 면적이 270만 제곱킬로미터인 카
자흐스탄은 세계에서 아홉 번째로 큰 나라로 그 크기가 서유럽 전체와
비슷하다. 카자흐스탄은 중앙아시아 초원 지대에 있으며, 북단은 모스
크바, 남단은 한반도 북부와 대략 같은 위도다. 동부와 남부에 걸쳐 있는

카자흐스탄의 경제 수도 알마티의 시내 전경. ©추영민

만년설과 빙하로 덮인 해발 5000미터가 넘는 톈산Tianshan 산맥(중국의 신
장웨이우얼자치구와 키르기스스탄, 우즈베키스탄, 카자흐스탄의 4개국에 걸쳐
있는 산맥. 산맥의 남쪽과 북쪽에는 동서 교통의 중요한 통로인 비단길이 있다)
을 제외한 국토의 대부분은 평지다. 주요 도시는 1997년에 새로 수도로
지정된 아스타나, 과거 수도였던 알마티, 카라간다, 침켄트, 세메이, 야
시라고 불린 투르키스탄이 있다.

    인접 국가인 중국, 우즈베키스탄, 러시아, 몽골, 키르기스스탄에도
카자흐 공동체가 형성되어 있고, 독일, 터키 등에 카자흐인이 살고 있다.
민족 형성 과정에서는 튀르크계와 몽골계가 혼합되었으며, 다종교 특징

카자흐스탄의 수도 아스타나에 있는 고급 아파트 단지(한국 업체가 건설)와 독립광장.
ⓒ추영민

을 가지고 있다. 8세기 이슬람이 전파된 이후에도 이전의 신앙이 일상생활에 그대로 이어졌고, 주술신앙적인 요소는 오늘날에도 노년층에서 많이 유지되고 있다.


### 카자흐인의 기원과 역사

카자흐인의 기원에 대해서는 카자흐인이 스텝 steppe 지역(러시아와 아시아의 중위도에 있는 온대 초원 지대)을 떠도는 부족이었기 때문에 튀르크어 동사 '카즈qaz(방황하다)'에서 기원했다는 설명과 역사적으로 카자흐인의 조상 부족이라 할 수 있는 카스피와 사키(스키타이)가 결합해 만들어졌다는 설명이 있다. 이 외에도 몽골어 단어 '카사크khasaq'(카자흐인의 천막 텐트인 유르트를 운반하는 마차)에서 기인한다는 설명도 있다. 또 다른 설로는 백색 스텝의 거위가 왕자로 변해 최초의 카자흐인을 낳았다는 전설에 따라 튀르크어인 '아크ak(흰색)'와 '카즈kaz(거위)'에서 만들어졌다는 설명도 있다.

카자흐 민족의 형성 과정은 15세기 이전 공동체 기반 형성기, 15세기 이후 공동체 형성과 확대기로 구분된다. 중앙아시아에는 고대부터 인간이 살았고, 이러한 정착 공동체는 튀르크계 및 몽골계 유목민 간의 세력 판도에 따라 분쟁을 벌이거나 동맹을 결성하는 형태로 나타났다.

15세기에 오늘날 카자흐 민족의 직접적인 기원이라 할 수 있는 유목 공동체가 만들어졌고, 16세기 중반에는 오늘날 중국과 카자흐스탄 국경 북부에서 가까운 발하시 호수가 동쪽 경계를 이루었다. 서쪽 경계는 아랄 해, 남쪽 경계는 시르다리야Syrdyria 강, 북쪽 경계는 투르가이 강까지 확장되었다. 18세기에는 카자흐 칸국 공동체 일부가 중국 서부의 신장을 기반으로 하는 유목민 중가르의 공격으로부터 민족 공동체를 보호하기 위해 제정러시아의 보호령으로 들어가게 되었다. 그러면서 이전과는 다른 유목 공동체의 변화가 시작되었다.

1854년 오늘날의 알마티 지역에 제정러시아의 국경 요새 베르니Verniy, Верный가 건설되었다. 이를 기반으로 러시아 통치 지역이 남쪽으로 확장되어 제정러시아는 중앙아시아의 정착 지대도 지배하게 되었다. 19세기 말 중앙아시아의 통치 단위가 러시아식 행정구역 체계로 전환되었다. 이처럼 유목민이었던 카자흐인을 정착시키려는 노력은 소련 체제 하에서도 계속되었다.

## 정치 공동체 '카자흐 칸국'과 거대 부족 연합체 '쥬즈 Zhuz, жуз'

근대 카자흐 민족은 15세기 후반 국가 단위 공동체로 형성 및 발전했고, 16세기 말까지는 일종의 정치적인 연합체 성격을 가지고 있었다. 카자흐 민족은 카자흐 칸국 형성 이전에는 여러 유목 부족들의 연합체로, 튀르크 계통이 주류를 이루고 있었다. 과거에는 카자흐족에 속하지 않았던 다른 계통의 유목민 집단인 노가이, 유목 우즈베크, 몽골(알타이) 계통의 여러 부족이 카자흐 연합체에 합류한 17세기 말에 카자흐 칸국은 오늘날 카자흐스탄 영토와 거의 유사한 영역을 차지하고 있었다.

유목 공동체 확장 과정에서 카자흐 민족을 구성하는 세 개의 울르 쥬즈Ұлы жуз, 오르타 쥬즈Орта жуз, 크시 쥬즈Kiшi жузж라는 경제 및 통치 단위 공동체가 나타나기 시작했다. 이들은 공통의 언어, 문화, 경제를 기반으로 했기 때문에 정치적인 통치 단위가 달랐어도 하나의 민족 공동체라는 의식이 보존되었다.

16세기에 쥬즈는 그 구성원이 혈족 이외에도 혈연관계에 상관없이 공동유목에 참여하는 집단들이 중심이었기 때문에 일종의 경제활동 공동체 성격을 가지고 있었다. 17세기 카자흐가 스텝 지역에 대한 통치를 확대하면서 개별 쥬즈는 단순한 경제활동 공동체에서 정치활동 공동체로 발전했고, 자치적인 특성이 강하게 나타났다. 18세기 초부터 중앙아

20세기 초 카자흐 세 쥬즈의 영역도. 녹색: 크시 쥬즈, 오렌지색: 오르타 쥬즈, 붉은색: 울르 쥬즈(자료: 위키미디어). ⓒru

시아로 영토 확장을 시작한 제정러시아는 카자흐 민족 전체가 아니라 세 개의 쥬즈 단위로 접촉하고 교류를 시작했다.

### 장거리 유목과 생산 활동

카자흐인의 전통 경제활동은 여름 유목지인 자일라우<sub>Zhailau, Жайлау</sub>와 겨울 정착지 사이를 1년 단위로 이동하는 유목에 의해 이루어졌는데, 중심이 되는 지역은 겨울 정착지였다. 겨울 정착지는 목조건물로, 물을 구하거나 목초지에 접근하기 쉬운 곳이었다. 겨울에는 이동이 없는 상태로 인근의 풀과 곡물로 동물을 사육했다.

눈이 녹고 새로운 풀이 자라기 시작하면 여름 유목지로 이동한다. 춘분에 해당하는 시기부터 봄 이동을 시작하는데, 며칠 간 이동하여 물이 있는 곳에 일시적으로 머물다가 다시 이동하는 패턴을 여름 유목지에 도착할 때까지 반복했다.

5~6월이면 여름 유목지에 도달했는데, 이후에는 가축을 효과적으로 방목하기 위해 이동 과정에서 형성된 공동체 아울Aul, Ауыл을 소규모의 몇 개 단위로 분할한다. 여름 유목지에는 8월이나 9월까지 머무르며, 방목지를 바꾸면서 가축을 길렀다. 여름이 끝나면 분리되었던 작은 공동체가 합쳐지고 겨울 정착지로 이동을 시작했다.

개별 카자흐 가정은 아울의 다른 가축과 공동으로 방목하는 개인 가축을 유지하고 있었다. 이들은 보통 양과 염소를 같이 방목했다. 양과 염소 다음으로 중요한 가축은 말이지만, 중부와 남부에서는 말보다 낙타를 더 중시했다. 카자흐인은 토지보다는 가축 사육에 필수적인 초지를 더 중시했기 때문에 부의 기준은 초지의 면적이 아니라 가축의 수였다.


## 생활 풍습 중심의 카자흐 이슬람 전통

카자흐 문화와 종교는 유목 경제의 영향을 크게 받았다. 자급자족 중심이었던 이들의 사회는 도시와 그다지 관련이 없었고, 과거 천 년간 그 지역에서 살았던 튀르크 유목 부족의 관습을 그대로 이어받았다.

8세기 아랍은 중앙아시아를 정복하는 과정에서 카자흐스탄 남부의 여러 도시에 이슬람을 전파했다. 하지만 카자흐인 전통의 토대가 되는 튀르크 유목문화와 이를 기반으로 하는 일상생활에는 큰 변화가 일어나지 않았다. 도시 또는 정착 공동체에 기반을 두었던 일부 카자흐인은 이슬람교도가 되었지만, 유목을 생업으로 했던 대다수 카자흐인은 이슬람을 종교보다는 일종의 생활과 풍습이라는 측면에서 수용했다.

## 전통 의상의 구성과 특징

카자흐인은 소련 시기에 들어와 정착생활 양식으로 변모되기 이전까지 유목 경제에서 많은 것을 조달했다. 전통 의상 제작에는 동물 가죽이나 털이 중요한 소재로 이용되었다. 전통 의상은 오늘날에도 카자흐스탄의 전통 축일, 전통 공연, 축하행사 등에서 쉽게 접할 수 있다. 일상생활에서는 집과 같은 사적인 공간에서 중장년층이 많이 입는다.

카자흐인의 전통 의상은 문양, 장식 등에서 튀르크계 유목민족과 많이 유사하다. 중앙아시아 정착민족이라 할 수 있는 우즈베크인이나 타지크인의 전통 의상보다는 장식이나 문양, 소재가 훨씬 덜 화려하다.

남녀 전통 의상은 공통적으로 상의, 조끼, 가운, 가죽 벨트 등으로 구성되는데, 남성 의상은 옷 색깔 및 장식으로만 구분된다. 반면 여성 의상은 신분이나 나이, 지역에 따른 차이가 두드러지게 나타난다. 특히 머리에 쓰는 모자나 두건의 형태에서 미혼 여성과 기혼 여성의 차이가 나타나고, 기혼 여성의 두건은 지역이나 부족에 따라 더욱 다양하다.

카자흐의 미혼 여성이 착용하는 모자 형태는 카자흐스탄 전역에서 거의 유사한데, 머리 전체를 덮는 형태인 타키야Takiya, 머리 보온 기능을 중시한 보릭Borik이 대표적이다.

카자흐 전통 유르타의 내부·외부 모습과 전통 의상을 입은 카자흐인 우표.

가장 흥미로운 전통 의상은 결혼식에서 신부가 착용하는 사우켈레
Saukele다. 70센티미터 높이의 원뿔 모양인 사우켈레는 결혼식 때 신부가
의무적으로 지참해야 하는 물품으로, 신부는 결혼 적령기 훨씬 이전부터
이를 미리 준비한다. 신부는 결혼식에서 사우켈레를 쓰고, 결혼 이후에
도 일정 기간 이를 써야 했다. 현대 카자흐스탄에서는 중요 행사에서 사
우켈레가 젊은 여성들의 행사복인 전통 무용을 공연하는 의상으로 자주
사용된다.

튀르크계 민족 집단에서 공통적으로 나타나는 남성 모자인 투베테이
카Tubeteika는 민족 집단에 따라 명칭이나 형태가 조금씩 다르지만 중앙
아시아 전역과 러시아의 무슬림 남성이 주로 쓰고 다닌다. 우즈베키스탄
에서는 도피Do'ppi, Дўппи, 타타르스탄에서는 투베테이Түбәтәй, 투르크메
니스탄에서는 타히야Tahiya 등으로 부른다. 우즈베크인의 도피는 사각형

이지만, 카자흐인과 타타르인의 투베테이카는 원형으로 차이가 있다. 모자의 재질은 펠트인데, 카자흐인의 투베테이카에는 카자흐인의 전통 문양이 자수로 장식된다.

이 외에도 카자흐 남성의 전통 모자로는 주로 흰색 펠트로 만든 여름 모자인 칼팍Kalpak, 겨울에 머리 보온을 위해 썼던 보릭과 투막Tymak 이 있다. 특히 투막은 사냥할 때 잡은 여우 가죽을 이용해 만든 것으로 귀와 목을 모두 가리는 남성용 방한 모자다.

## 카자흐인의 전통의례

전통의례 가운데 가정에서 특히 중시했던 것은 토이Toi 다. 이러한 의례는 중앙아시아와 인접한 다른 토착 민족에게서도 공통적으로 발견되는데, 그 명칭은 조금씩 다르다.

아이와 관련된 축일로는 아기가 태어난 지 9일째 되는 날 나무로 만든 아기요람인 베식Besik 에 아이를 눕히는 '베식 토이Besik Toi'가 있다.

남자아이가 4~5세가 되면 이슬람 전통에 따라 할례를 행하는 '순데트 토이Sundet Toi'도 중요한 통과의례 가운데 하나였다. 이와 함께 또 다른 가정의례로는 결혼식을 의미하는 '켈린 토이Kelin Toi'가 있다. 이 중 할례와 혼례는 이슬람의 영향이 많이 녹아 있다. 소련 붕괴 이후 젊은 카자흐인 사이에서 이슬람 종교 축일인 라마단을 지키는 비율이 늘어나는 추세다.

전통 축제 가운데 가장 대표적인 것은 바로 봄맞이 축제로 춘분에 열

전통 의상을 입은 카자흐 여성들
(자료: 위키미디어). ⓒВени Марковски

카자흐스탄 나우르즈 모습
(자료: 위키미디어). ⓒStomac

리는 '나우르즈Nauryz Meiramy, Наурыз мейрамы'다. 나우르즈는 '새로운 날'
이라는 뜻이다. 이 축제는 겨울을 잘 보낸 정착민과 유목민이 한 해의 농
사와 유목을 시작하기에 앞서 다가오는 해도 무사히 잘 보내기를 기원하
는 행사다. 유목민 공동체에서는 이 시기에 결혼식이 많이 열리곤 했다.
카자흐스탄 독립 이후에 이 축제는 카자흐스탄의 다민족 구성원이 모두
축하하는 전 국가적인 행사가 되었다.


전통 음식


전통 축제나 의례에 빠질 수 없는 상차림으로 다스타르한dastarkhan,
дастаркан이 있다. 이 역시 중앙아시아 여러 민족에게 모두 남아 있는데,
음식의 구성은 민족에 따라 차이가 나타난다.

오늘날 카자흐 가정의 상차림. ⓒ추영민

전통음료 코제.
ⓒ추영민

양고기 전통 대표요리 '베시바르막'.
ⓒ추영민

카자흐 다스타르한은 전통 튀김 빵 바우르삭Baursak, бауырсак, 말고기 순대인 카즈Kazy, қазы, 양고기나 말고기를 이용한 대표 요리인 베시바르막Beshbarmak, бесбармак 그리고 전통음료인 코제Kozhe 등으로 차려졌다. 코제는 물, 고기, 밀 또는 보리, 수수 또는 쌀, 콩, 우유, 소금 등 일곱 가지 재료로 만드는데, 카자흐인은 나우르즈 축제에서 '코제'를 먹으며 풍요와 축복을 기원한다.

카자흐 전통 요리는 말고기, 낙타고기, 소고기 및 양고기를 이용한다. 말고기, 낙타고기는 주로 명절 음식에 사용하며, 양고기, 소고기는 평소에 먹는다. '베시바르막'은 말고기나 양고기로 만드는데 다섯 손가락으로 먹는 음식이라는 뜻으로, 카자흐 전통 잔칫상인 '다스타르한'에서 중심 음식으로 제공된다. 잔칫상에서 전채 요리로 가장 쉽게 접할 수 있는 것은 '카즈Kazy'라고 하는 말고기로 만든 순대 요리다.

전통 음료로는 말젖 발효주인 크므스kumis, кымыз, 낙타젖 발효주인 슈바트shubat, шұбат 등이 있고, 양젖을 말려서 둥글게 굳힌 '쿠루트'도 즐겨먹는 간식 가운데 하나다.

## 현대 카자흐인의 언어 정체성: 카자흐어와 러시아어

카자흐 민족의 고유어인 카자흐어는 알타이어족의 튀르크계 언어에 속하기 때문에 한국어와 어순이 동일하다. 1917년 소련 체제에서는 아랍문자표기법이 도입되어 사용하다가 1927년 라틴문자 표기법으로 바뀌었고, 1940년 이후부터 키릴문자가 사용되고 있다. 소련 시기 보편화된 러시아어 사용, 키릴문자를 이용한 카자흐어 표기 등으로 인해 소련 말기 카자흐인은 제2외국어로 러시아어를 유창하게 구사하는 대표적인 민족이 되었다.

1990년대에 일시적으로 카자흐 민족 우위 정책이 도입되었지만, 카자흐스탄 사회에서 카자흐어가 수행하는 역할이 압도적인 우위를 점하고 있진 않다. 도시에서는 여전히 러시아어가 더 널리 쓰인다. 또 최근에는 러시아, 벨라루스와 함께 유라시아경제연합을 이끌고 있다는 점에서 앞으로도 카자흐스탄 사회에서 러시아어 또는 러시아 문화의 영향력은 계속될 것으로 예측된다.


## 카자흐인의 현재와 미래

카자흐스탄은 1991년 소련 체제가 붕괴하자 독립국가가 되었다. 소련에 속해 있는 동안 카자흐 민족 공동체에서 많은 변화가 있었는데 경제적으로 유목민 공동체가 정착 공동체로 변화했고, 이를 촉진하기 위한 경제개발 및 산업화, 사회구조 재편 같은 변화가 있었다. 제2차 세계대전을 전후로 다양한 비非카자흐 계통 민족들이 카자흐스탄에 정착했으며, 이는 카자흐스탄 내 다민족 사회를 형성하는 원인이 되었다.

독립 이후 제정러시아 및 소련 시기를 거치면서 확립한 다민족 및 다문화가 공존하는 사회구조를 그대로 유지하면서, 카자흐 민족의 고유한 정체성을 확립하기 위한 여러 가지 노력이 있었다. 최근 카자흐스탄은 과거 유라시아에 살던 유목 기마민족 간에 문명교류의 매개체 역할을 했던 것을 현대적으로 확대하여 유럽과 아시아를 아우르는 유라시아 공동체의 중심으로 거듭나려고 노력하고 있다.

중앙아시아 고대 문화의 전승자

# 우즈베크인

김민수

| | |
|---|---|
| ◆ **인구** | 우즈베키스탄: 24,912,600명 |
| | (2014년 우즈베키스탄 통계청 자료) |
| ◆ **해외 거주** | 아프가니스탄(2,799,726명), 타지키스탄(1,210,236명), |
| | 키르기스스탄(836,065명), 카자흐스탄(521,252명) 등 |
| ◆ **위치** | 동쪽은 키르기스스탄과 타지크스탄, 남서쪽은 투르크메니스탄, 남쪽은 |
| | 아프가니스탄, 북쪽과 북서쪽은 카자흐스탄과 국경을 접하고 있음 |
| ◆ **민족 구분** | 튀르크계와 몽골계의 혼종 |
| ◆ **언어** | 우즈베크어, 러시아어, 타지크어 |
| ◆ **문화적 특징** | 고대 페르시아와 튀르크 전통문화가 바탕이 된 이슬람(수니파) 문화 |

우즈베크인은 중앙아시아에 있는 우즈베키스탄의 주류 민족으로 중앙아시아 여러 민족 가운데 인구가 가장 많다. 우즈베키스탄 내 우즈베크인 인구는 2500만 명으로, 국가 총인구 3100여만 명의 80퍼센트를 차지한다. 우즈베키스탄 외에도 아프가니스탄, 타지키스탄 등의 인접국에 많은 수의 우즈베크인이 살고 있다. 우즈베크인은 인종 유형상 유럽인종과 몽골인종이 혼합되어 있다. 우즈베크인의 종교는 이슬람 수니파이며,

수피즘적 요소를 많이 포함한다.

　우즈베크인의 고유어인 우즈베크어는 알타이어족 튀르크어계에 속하는데 우즈베크인은 모어인 우즈베크어 외에 러시아어를 아는 사람이 많다. 1990년대에는 우즈베키스탄 정부의 우즈베크어 중심 정책 때문에 러시아어 사용이 위축되기도 했지만, 2000년대 들어서 다시 러시아어 사용이 늘고 있다. 사마르칸트 지역에서는 타지크어가 널리 쓰이기도 한다.

　문자는 1928년까지 아랍문자, 1928~1940년에는 라틴문자, 이후 키릴문자를 사용했다가 다시 1992년 이후 라틴문자를 쓰고 있다.


## 우즈베크인의 기원: 유럽인종과 몽골인종, 농경문화와 유목문화의 혼합

　우즈베크인은 중앙아시아의 아무다리야 강과 시르다리야 강 사이 지역과 그 주변에서 처음 나타났다. 해당 지역의 원주민은 이란어계의 소그드인, 박트리아인, 호레즘인, 페르가나인과 사카-마사게트인 등이며, 기원후 초기부터 북동아시아와 중앙아시아의 튀르크어계 민족들이 도래하여 혼합되었다. 기원후 6세기 무렵부터는 중앙아시아 지역이 튀르크 한국汗國에 포함되면서 튀르크계 민족의 유입이 더욱 늘어났다. 이런 과정을 거쳐 11~12세기에 카라한 왕조로 대표되는 튀르크 연합체가 중앙아시아 전체를 차지하면서 우즈베크인의 형성이 가속화되었다. 13세기 들어서(13세기에) 몽골족이 이 지역을 차지하면서 튀르크족과 몽골족의 새로운 이주 물결은 중앙아시아 전역에 확산되었다. 14세기 후반 이

실크로드의 중심지였던 우즈베키스탄. ⓒ 김혜진

후 티무르 왕조 초기에 우즈베크인의 형성이 촉진되었으며, 이후 15~16세기에는 데시티킵차크 우즈베크인дештикыпчакские узбеки(우즈베크 칸 시대부터의 금 한국汗國 유목민족의 명칭)이 카자흐스탄 초원에서 이주해 와서 혼합되면서 우즈베크 민족이 형성되었다. 이후 19세기에 중앙아시아 한국汗國들이 러시아에 흡수되면서 우즈베크인의 민족 통합 과정이 완성되었다고 할 수 있다.

따라서 우즈베크인의 전통문화는 수천 년에 걸친 유럽인종과 몽골인종의 혼합 과정에서 정주 농경문화와 유목 초원문화가 융합되어 형성되었으며, 거기에 비단길을 통해 유입된 동서양 여러 민족의 문화와 예술이 흡수되었다. 또 종교적 측면에서도 8세기 이후 이슬람화하기 이전에 퍼졌던 조로아스터교, 불교, 마니교, 샤머니즘 등 다양한 종교 요소가 이슬람 요소들과 융합해 유지되면서 우즈베크인의 정신문화를 형성하는

카라반의 도시였던 우즈베키스탄의 부하라. ⓒ 김혜진

데 바탕이 되었다.

　우즈베크라는 민족 이름이 생긴 데에는 가장 늦게 우즈베크인 형성에 참여한 데시티킵차크 우즈베크족의 명칭에서 기원했다는 것이 다수설이지만, 그 외에도 여러 가지 가설이 있다. 킵차크 한국의 우즈베크 한(1312~1340)의 이름에서 기원했다는 설, 몽골족이 오기 전 셀주크 튀르크의 장군 이름에서 기원했다는 설, 이란 테르비즈 지역의 일데기즈 왕조의 마지막 왕 이름에서 기원했다는 설, 호레즘 왕국의 장군 이름에서 기원했다는 설이 있으며, '우즈베크'라는 말이 '스스로 주인인 자'라는 뜻으로 자유인들의 무리를 뜻하는 말에서 기원했다는 설도 있다.

## 우즈베크인의 전통 산업

　오아시스 지역의 전통 산업은 관개농업, 수공업, 교역 등이었다. 농업에서는 주로 곡물(밀, 보리, 쌀, 수수, 옥수수, 귀리, 각종 콩류), 채소(당근, 무, 순무, 양파, 고추 등), 덩굴식물(참외, 수박, 호박, 박), 채유식물(깨, 아마, 홍화), 과수(살구, 복숭아, 무화과, 아이바, 배, 사과, 석류, 포도, 호두 등), 가축 사료용 작물, 그리고 면화를 재배했다. 이 가운데 곡물, 콩류와 더불어 살구, 포도, 참외류는 우즈베크인의 식생활에 중요한 요소였다. 이 식품들은 시장에서 주요한 거래 품목이었고, 말린 무화과와 건포도는 러시아와 시베리아로 보내는 주요 수출품이었다. 면화는 가장 중요한 상품 작물이었으며, 양잠도 중요한 상품 생산 분야였다. 농사일은 주로 남성이 했으며, 여성은 면화와 과일 채취 및 가공을 맡았다.

　오아시스 지역에서 이루어진 목축은 사료가 부족한 탓에 직접 사용하거나 소비하기 위한 용도로만 이루어졌다. 농업에 이용하거나 교통수단으로 사용하기 위해 소, 말, 당나귀를 길렀고, 우유를 얻기 위해 암소 한두 마리, 고기를 얻기 위해 양 몇 마리를 길렀다. 부하라와 카르시 오아시스에서는 부유한 사람들이 인부를 고용하여 초원 지대에서 윤기 있고 곱슬곱슬한 검은 털을 가진 카라쿨 품종의 양을 길렀다. 이 중 새로 태어난 양의 가죽은 고가로 수출되었다. 반면 산지나 초원 지대에 사는 반유목 우즈베크인에게는 유목이 가장 중요한 생업이었다. 판매를 위해 양이나 말을 기르고, 개인적인 필요에 따라 염소나 대형 가축, 낙타를 길렀는데 낙타는 특산물을 교역하는 상인 집단인 카라반이 사용하기도 했다. 가축을 기르는 일은 남성이 했고, 여성은 버터와 치즈 등 유제품을

우즈베크 도시 장인. ⓒ 김혜진

만들고 모피나 가죽을 가공하여 양탄자 등의 다양한 제품을 만들었다.

소련 시대에는 중앙정부의 농업정책에 따라 면화 재배에 집중했는데, 1960년대부터 이 정책의 부정적인 결과가 나타났다. 농업 기계화와 화학비료 사용, 다수확 종자 재배 등으로 노동생산성과 수확량은 높아졌지만, 전통적인 농업기술이 사라졌고 면화만 재배한 탓에 다른 작물 재배와 가축 사육이 줄어 주민의 영양 상태가 악화되는 결과를 부르기도 했다. 그리고 미르자출, 페르가나 중부, 카르시, 세라바드 등 초원 지대

해마다 줄어드는 아랄 해의 면적. ⓒ 김혜진

에 면화 재배지 면적을 확대하기 위해 거대한 댐을 건설하면서 아랄 해 소멸이 가속화되었고, 양을 방목하는 면적이 줄어들어 산지 주민들이 새로운 목초지를 찾아 초원 지대로 이주해야 하는 부정적인 결과도 초래했다. 또 농업에서 면화만 재배하여 부정적인 결과를 가져온 것처럼, 목축에서도 카라쿨 품종의 양만 집중적으로 키운 결과 우즈베크 양목업자들이 양질의 고기를 얻기 위해 수 세대에 걸쳐 개량해온 귀중한 양 품종들이 사라지거나 변종이 되었으며, 그 결과 주민의 생활수준이 급격히 하락하기도 했다.

## 고추를 수놓은 튜베테이카

우즈베크인 전통 남녀 의복은 긴 가운인 쿠일라크куйлак, 통이 넓은 바지, 두루마기(솜을 넣어 누비거나 속창을 댄 것)로 구성된다. 두루마기를 입을 때는 가죽이나 천으로 만든 띠를 두르기도 한다. 19세기 후반과 20세기 초 사이에는 허리까지 오는 조끼 형태의 캄졸이 유행하기도 했다.

우즈베크인은 남녀노소 모두 튜베테이카를 쓰는데, 지방에 따라 만드는 방법과 문양이 다르다. 가장 널리 알려진 것은 페르가나 추스트 지역의 튜베테이카이다. 튜베테이카 윗부분 사면의 고추 문양은 청결함과 고고함, 꽃은 건강을 상징하며, 아랫부분 사면의 아치 문양은 화목한 대가족을 기원하는 의미다.

여성들은 두건 두 개를 머리에 겹쳐 쓰고 다니기도 한다. 전통 신발은 부드러운 바닥을 댄 가죽 장화이며, 그 위에 가죽이나 고무로 만든 덧신을 신었다. 현재 우즈베크인은 쿠일라크와 통이 넓은 바지 등 전통 의복부터 현대 유럽식 정장까지 다양한 옷을 입는다.

다양한 튜베테이카. ⓒ 김혜진

전통 우즈베크 남성 의상. ⓒS.R. Karimova

### '플로프', 페르가나의 '논' 그리고 '베시판자'

우즈베크인의 음식은 채소, 육류, 유제품으로 구성된다. 이슬람 교리에 따라 돼지고기를 먹지 않으므로 육류 요리에는 주로 양고기를 사용한다. 우즈베크어로 '오시Osh'라고도 하는 플로프ПЛОВ, Plov는 우리의 볶음밥과 비슷한데 우즈베크인이 가장 중요하게 여기는 음식이다. 플로프는 우즈베크인이 평소에는 물론이고, 명절에도 빼놓지 않으며 손님이 오면 꼭 대접하는 음식이다.

그 외에 쌀과 녹두를 섞어 만든 죽, 라그만이라고 부르는 국수, 채소

우즈베크 오시. ⓒ 김혜진

라그만. 우리나라의 국수, 가락국수와
비슷하다. ⓒ 김혜진

우즈베크의 전통 빵 '논'.
ⓒ 김혜진

를 넣어 끓인 양고기 국인 슈르파, 콩과 고기를 볶은 누하트, 그리고 '논'
이라 부르는 밀가루로 만든 빵이 우즈베크인의 주요 음식이다. 빵 가운

논을 파는 가게(타슈켄트 초르수 바자르). ⓒ 김혜진

데 사마르칸트에서 만든 것이 맛이 좋고 오래 두어도 상하지 않는 것으로 유명하다. 우즈베크에서는 집안 식구 가운데 누군가 군대에 가거나 멀리 떠나는 경우 빵을 한 조각 떼어 먹고 나머지를 집에 두고 가는 풍속이 있는데, 무사히 귀가하여 나머지 빵을 먹을 수 있기를 염원하는 일종의 주술적 행위다.

　우즈베크인도 샤슬릭을 즐기는데, 우즈베크 전통 샤슬릭은 꼬치에 고깃덩어리만 꿰어서 굽는 것이 아니다. 붉은 살코기와 지방을 순서대로 꼬치 다섯 개에 꿰어 굽는 것으로, 우즈베크인은 이를 다섯 손가락이라는 뜻의 베시판자Бешпанджа라고 부른다.

## 전통 진흙 벽돌집과 '산달'

　현대 우즈베크인 가운데 전통유목 공동체를 기반으로 하는 집단의 주거양식은 유르트였으며, 정주공동체를 기반으로 하는 집단의 전통가옥은 진흙 벽돌로 벽을 쌓고 평평한 지붕 또는 돔형 지붕을 얹는 방식으로 지었다. 정주 그룹의 전통 가옥은 식기 등 살림 도구를 넣어 두는 용도로 집안 벽에 직사각형이나 아치형 공간을 만들어두는 것이 특징이다. 전통 벽돌집의 난방은 흙바닥을 사각형으로 파고 거기에 불이 붙은 석탄을 넣어 방 안의 공기를 데우는 방식이었다. 이것을 '산달'이라고 부르는데, 추울 때는 이 산달을 중심으로 모여 앉아 있거나 잠을 자기도 했다.

우즈베크인이 사용하던 유르트 내부. ⓒ김혜진

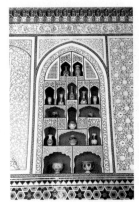

우즈베크 전통 가옥에는 집안 벽에 식기 등 살림 도구를 넣어두는 공간이 있다. ⓒ 김혜진

페르가나 지역에서는 산달 외에 벽난로를 설치했으며, 호레즘 지역에서는 방 입구에 둥글게 구덩이를 파고 진흙을 바른 화덕을 설치하여 요리와 더불어 난방에 사용했다. 현재 시골에서는 주로 구운 벽돌로 지은 집에 살며, 도시에서는 고층 아파트나 마당을 갖춘 단독주택에서 산다.

### 공동체 전통: 마할라와 키실라크

우즈베크인은 오랜 세월 동안 공동 노동과 토지 및 수자원을 사용할 때의 엄격한 규칙을 바탕으로 공동체 전통을 형성했다. 이 공동체 전통은 우즈베크인의 생활양식에서 커다란 의미가 있다. 공동체는 기본적으로 대가족을 중심으로 하는 혈연 공동체와 마을 공동체, 직종별 공동체가 있었다. 이 가운데 마을 공동체(대규모 마을의 키실라크와 도시의 마할라)는 주로 소가족을 이루고 사는 현대 우즈베크인의 생활에도 큰 의미가 있으며, 그 기능을 유지하고 있다. 오랜 역사를 자랑하는 마할라는 가정의 일상생활과 종교의례, 명절 등에서 중심적인 기능을 하며, 세대를 이어 전통문화를 전승하는 데 중요하다. 또 마할라는 우즈베크인의 전통문화와 윤리규범을 유지하는 자치기구의 지위도 가진다. 이런 공동체 전통의 맥락에서 집을 짓거나 마을, 거리 등을 단장하는 데 상호부조하는 하샤르라는 오래된 관습도 유지하고 있다.

## 손님 환대와 차 문화 전통

우즈베크인은 공동체 전통에 충실한 것만큼이나 손님을 환대하는 전통도 자랑스럽게 여기며 오늘날까지 그 전통을 유지하고 있다. 손님을 제대로 대접하지 않는 것을 가정이나 집안의 수치로 여길 정도다. 손님이 오면 보통 집주인이 대문까지 나가서 맞이해 집으로 안내하고 음식을 대접한다. 이런 전통을 존중하여 손님으로 초대받은 사람은 초대를 거절하거나 약속 시각에 늦지 말아야 한다. 식탁에 앉게 되면 모인 사람들 가운데 연장자가 집안의 축복을 기원하는 간단한 기도를 하고, 먼저 차를 마시고 이어서 음식을 먹는다. 식탁 위에 있는 무엇을 집거나 다른 사람에게 건네줄 때는 반드시 오른손만 사용해야 한다.

우즈베크인의 손님 접대에서는 차 대접이 중요한 위치를 차지한다. 손님들에게 차를 따라 줄 때는 먼저 찻잔에 차를 따랐다가 다시 찻주전자에 부어 넣기를 세 번 반복하는데, 차를 빨리 우려냄과 동시에 손님에

모든 우즈베크 음식에는 차가 같이한다.
ⓒ 김혜진

게 농도가 고른 차를 대접하기 위한 것이다. 전통적으로 손님에게 차를 따라줄 때 잔을 가득 채워주지 않는다. 귀한 손님일수록 찻잔에 차를 조금 따라준다. 손님이 차를 빨리 마시고 또 따라주도록 부탁하게끔 하려는 것이다. 손님이 더 자주 차를 따라달라고 부탁할수록 주인의 환대를 존중하는 마음이 더 잘 표현된다고 여긴다. 이것은 또 손님이 뜨거운 찻잔을 들고 있지 않도록 배려하는 마음이 담긴 전통이기도 하다.

## 전통 명절: 이슬람 명절과 나브루즈

우즈베크인의 전통과 관습은 오랜 세월에 걸쳐 조로아스터교적인 요소와 유목민의 관습, 이슬람교적 전통이 혼합되어 형성되었다. 우즈베크인의 전통 명절은 이슬람 명절과 민족 전통 명절로 나눌 수 있다. 이슬람 명절로는 라마단 하이트와 쿠르반 하이트가 있다. 라마단 하이트는 삼십 일간의 금식이 끝나는 이슬람력 아홉 번째 달에 지내는 영적·도덕

새 신부의 모습(좌), 새 며느리가 인사하는 모습(우).
ⓒ S.R. Karimova

적 정화 의미의 명절로 삼 일간 지속된다. 쿠르반 하이트는 라마단 하이트가 끝난 지 칠십 일째에 해당되며 이 역시 삼 일간 지속된다. 이 두 명절 모두 우즈베키스탄의 공휴일로 지정되어 있다. 이 두 명절에는 전날부터 집마다 밀가루로 다양한 음식을 만들고 플로프를 요리하여 이웃과 나누어 먹는다. 이들은 이슬람교 명절이지만 조상들의 묘에 성묘를 가며 나이 든 친척이나 이웃을 방문한다. 특히 새 며느리를 들인 친척 집을 방문하는데, 이때 새 며느리는 얼굴을 베일로 가리고 친척들에게 반절로 인사를 드린다. 어린아이들은 이때 맛있는 음식을 즐기고 선물을 받을 수 있기에 이 명절을 좋아한다.

우즈베크인 전통 명절 중 가장 중요한 것은 약 3천 년의 역사를 자랑하는 나브루즈다. 나브루즈는 춘분인 3월 21일로 '새로운 날'이라는 뜻이다. 자연이 긴 겨울잠에서 깨어나 새해가 시작되는 날이라는 뜻이 담겨 있다. 다른 민족의 새해 명절과 마찬가지로 나브루즈도 가족이나 가까운 친척과 지낸다. 나브루즈는 3월 21일에 시작해 십삼 일 동안 계속되며, 이 기간에 손님들을 초대하거나 가까운 친척, 친지들을 방문한다. 이때 공원이나 정원에 과수 묘목을 대량으로 심는 전통이 있다.

나브루즈가 다가오면 마할라나 키실라크를 중심으로 집과 마을을 단장한다. 나브루즈가 되면 마할라나 키실라크별로 우리의 조청 같은 것으로 빵에 발라먹는 수말랴크를 만들기 위해 밀의 싹을 달인다. 커다란 솥을 걸어 플로프를 요리하는 등 명절 상을 차려 함께 먹으며 음악과 노래, 춤을 즐긴다. 잔치 음식을 풍성하게 준비할수록 한 해가 풍성해진다는 속설이 있는 만큼 음식 준비에 각별히 신경을 쓴다. 다진 고기와 초봄에 새로 난 양파 등 각종 채소를 넣고 밀반죽으로 피를 만들어 삼각형, 사각형, 원형 등으로 만들어 화덕에 굽는 삼사, 양고깃국 슈르파, 플로프가 나브루즈의 주요 음식이다.

나브루즈 잔칫상에 접시에 담아 올려놓는 밀 싹은 중앙아시아 튀르크계 민족과 이란 등 페르시아계 민족에게 새해와 새 희망의 상징이다.

역사적 인물

우즈베크인 사이에 잘 알려진 역사적 인물로는 이븐 시나(980~1037), 울루그벡(1394~1449), 나보이(1441~ 1501)를 들 수 있다. 이븐 시나와 울루그벡이 현대 우즈베크인의 조상인지는 논란의 여지가 있지만, 우즈베키스탄에서는 현재 이븐 시나와 울루그벡도 자국의 위인으로 추앙하고 있다. 이븐 시나는 화학, 천문학, 역학, 철학, 의학, 음악 등 다방면에 천재적인 재능을 발휘한 학자다. 특히 당시의 의학, 약학을 집대성한 『의학규범』의 저자로 전 세계에 널리 알려진 중세 이슬람 최고의 학자다.

이븐 시나. ⓒ 김혜진

울루그벡은 티무르의 손자로 40년간 티무르 제국을 통치했으며, 기하학, 천문학뿐 아니라 시, 역사, 신학에도 조예가 깊어 학문을 크게 발전시켰다. 나보이는 우즈베크 문학의 창시자이자 정치가로 학교와 병원을 지어 평민들을 도와주었고 문학가와 예술인 등을 지원하여 문화 발전에 이바지했다. 현재 우즈베키스탄에는 나보이의 이름을 딴 대학교, 도서관, 거리가 있다.

울르그벡 동상. ⓒ 김혜진

## 우즈베크인의 현재와 미래

1991년 우즈베키스탄이 소련에서 독립한 이후 우즈베키스탄 인구의 대다수를 차지하는 우즈베크인은 터키와 이란 등 이슬

나보이 박물관에 있는 나보이 동상. ⓒ 김혜진

람 국가들과의 교류를 기반으로 전통 이슬람 문화를 복원하는 동시에 공동체를 중심으로 한 상호부조, 노인과 부모 공경, 손님 환대 등 아름다운 전통문화를 복원, 부흥하는 데 힘쓰고 있다. 또한 풍부하게 매장된 석유·가스 자원을 바탕으로 한 석유화학 산업, 카라쿨 양모 생산을 포함한 경공업을 비롯해 식품공업을 중심으로 나라 경제의 발전에도 힘쓰고 있다.

우즈베크인은 인종적·민족적·문화적·종교적으로 다양한 요소가 융합되어 형성된 타민족, 타문화에 대한 수용력과 그에 대한 적응력이 뛰어나며, 천성이 온화하고 낙천적이다. '다른 것'에 대한 관용과 공감, 문화적 가치가 중요한 이슈인 21세기에 우즈베크인이 그런 유서 깊은 전통을 바탕으로 오랜 세월 동안 축적해온 문화적 잠재력을 폭발시켜 인류의 공존과 문화 발전에 큰 역할을 할 것으로 본다.

카라쿰 사막을 누비던 용맹한 기마민족

# 투르크멘인

양민지

| | |
|---|---|
| **인구** | 5,348,606명<br>(WPR, 2015년) |
| **위치** | 중앙아시아의 서남부에 있으며 북쪽으로는 우즈베키스탄과 카자흐스탄,<br>남쪽으로는 아프가니스탄, 이란과 접하고 있음 |
| **민족 구분** | 튀르크 |
| **언어** | 투르크멘어, 러시아어 |
| **문화적 특징** | 용맹하고 호전적. 부족, 씨족 간 결속력과 영향력이 크며,<br>중요한 사안은 부족장을 중심으로 결정 |

아무다리야 강(江)과 카스피 해(海)를 사이에 두고

오래전부터 카라쿰 사막에는

투르크멘인의 바람이 불고 있었네……

_「투르크메니스탄의 미래」 중

18세기(1733~1797) 투르크메니스탄 시인
막툼굴리 프라기(Magtymguly Pyragy)
(자료: http://www.magtymguly.com).

## 투르크 중의 투르크, 투르크멘인

현재의 투르크메니스탄 지역에는 기원전 6000년경인 신석기시대부
터 문명이 존재했다. 페르시아 왕조, 알렉산더 대왕의 지배를 거쳐 흉노,
알란족, 에프탈족 등의 영향을 받은 투르크메니스탄 토착민들은 이후
6세기 무렵 돌궐족에게 복속되었다. 나중에 이 지역은 페르시아인의 거
주지에서 점점 튀르크계 부족의 거주지로 변하며 서서히 튀르크화가 진
행되었다.

일반적으로 투르크멘인은 9~10세기 알타이 지방에서 중앙아시아의
서부 지역으로 이주해온 오우즈 계열의 튀르크족에 의해 형성되었다고
인식된다.

오우즈 튀르크족은 튀르크족 중 중앙아시아에서 서남쪽으로 이주한 일파로, '오우즈Oğuz'란 단어는 튀르크어로 '신실한, 강력한, 젊은, 바른 품성의' 등의 의미를 가지고 있다. 오우즈 칸Kan(왕) 신화에 따르면 오우즈 부족은 오우즈의 아들 여섯 명과 그 후손으로 이뤄진 부족이다. 신화에서 오우즈 부족은 오우즈 칸의 아들 중 보즈오클라르Bozoklar(신화에 따르면 하늘의 부족으로 알려져 있으며 황금 활의 주인들로 기록되어 있음. 세 아들의 이름은 해, 달, 별을 뜻함)로 불린 삼 형제 일가와 위츠오클라르Üçoklar(신화에는 땅의 부족으로 기록되어 있음. 세 아들의 이름은 각각 하늘, 산, 바다를 뜻함)로 알려진 삼 형제 일가를 중심으로 이 여섯 아들에게서 난 각각의 네 명의 아들이 시조가 되어 이뤄진 스물네 개의 튀르크 부족을 일컫는다.

1040년 셀주크 부족(오우즈 부족 셀주크 튀르크 가家)이 투르크메니스탄 지역을 통합하면서 대대적으로 오우즈 부족과 토착 정착민이 혼합되었다. 이렇게 튀르크계 민족은 몽골고원을 떠나 서쪽으로 나아가 여러 종족과 혼혈을 이루었고 오늘날의 투르크멘인, 위구르인, 타타르인, 우즈베크인, 카자흐인, 아제르바이잔인, 터키인 등으로 분화되었다.

그중 투르크멘인은 전통적으로 유목을 하는 민족으로 초원 지역을 누비며 교역 활동을 했다. 이들은 부하라와 사마르칸트의 노예 상인으로 호전성과 용맹함이 뛰어나 주변 지역 민족들에게는 두려움의 대상이었다. 투르크멘이란 용어는 원래 무슬림이 아니었던 오우즈 부족들이 8~9세기 이슬람을 받아들인 중앙아시아의 일부 오우즈 튀르크인을 가리키는 말로 사용되었다. 이후 10세기 튀르크계 부족인 오우즈와 카를룩Karluk(7~12세기 준가얼 분지나 중앙아시아 지역에서 유목 생활을 하던 튀르크계 부족 중 하나)을 지칭하는 부족 이름으로 사용되었다. 이후 11세기 페르시아의 역사가인 가르디지ابوسعید عبدالحی بن ضحاک بن محمود گردیزی에 의해 투르크멘이 오우즈 부족을 지칭하는 용어로 사용된 후 이러한 전통이 자리 잡게 되었다. 투르크멘Türkmen은 '튀르크 중의 튀르크, 진정한 튀르크'라는 뜻이다. 셀주크 제국과 오스만 제국 등 대제국을 이룬 오우즈 튀르크계의 후손들이 세운 나라로는 현재의 투르크메니스탄과 아제르바이잔, 터키를 들 수 있다.

투르크멘인이 주로 살고 있는 투르크메니스탄은 중앙아시아 서남부에 있는 나라로 북쪽으로는 카자흐스탄, 북동쪽으로는 우즈베키스탄, 동남쪽으로는 아프가니스탄, 남쪽으로는 이란과 국경을 마주하고 있으며, 서쪽으로는 카스피 해와 닿아 있다. 국토의 90퍼센트 이상이 '검은 모래Kara Kum'라고 불리는 카라쿰 사막으로 이뤄져 있다. 정식 명칭은 투르크메니스탄공화국Türkmenistan döwleti이며, 구르반굴리 베르디무하메도프 대통령Gurbanguly Berdimuhamedow(2006년 12월~2016년 현재)의 강력한 통치 아래 빠르게 발전하고 있는 중앙아시아 지역의 신흥 자원강국이다. 구르반굴리 대통령은 실용, 개방, 적극적 대외관계, 뚜렷한 역사관에 바탕을 둔 통치 철학과 정책 기조를 통해 투르크메니스탄의 안정적 경제 발전에 크게 이바지하고 있다고 평가된다. 투르크메니스탄의 면적은 약 48만 8100제곱킬로미터로 한반도의 약 2.4배에 이른다. 투르크메니스탄은 1991년 소련에서 독립하여 터키, 아제르바이잔, 카자흐스탄, 북키프로스, 키르기스스탄, 우즈베키스탄과 함께 튀르크소이Türksoy(튀르크계 민족이 대다수를 이루며 튀르크계 언어를 사용하고, 튀르크 문화권인 나라들이 참여하여 출범시킨 조직한 국제문화조직)의 회원국이다.

아시가바트 시내 사진. ⓒ양민지

투르크멘인은 '검은 민족Kara halk'으로 알려져 있다. 국토의 대부분을 차지하는 카라쿰(검은 모래) 사막뿐만 아니라 검은 양떼를 기르고, 검은색 유르트yurt(천막)에 살았으며 '검은 왕Kara Han'이라고 불리는 아편을 즐겼다는 사실만 봐도 검은색은 그들의 생활과 밀접한 관련이 있음을 알 수 있다.

투르크멘인은 투르크메니스탄의 인구 중 약 85퍼센트를 차지하는 주요 민족이다. 투르크멘인 이외에 우즈베크인이 5퍼센트, 러시아인이 4퍼센트를 차지하고 있고 그 밖에 카자흐인, 타타르인, 우크라이나인, 쿠르드인, 아르메니아인, 아제르바이잔인, 이란인, 파슈툰족 등의 소수

민족이 투르크메니스탄에 거주하고 있다. 러시아인은 1939년에는 인구의 약 19퍼센트를 차지하였으나, 소련 해체 이후 점점 감소했다. 이에 반해 투르크멘인은 1989년부터 2001년까지 약 두 배 증가했다. 투르크멘인은 투르크메니스탄뿐만 아니라 약 100만 명이 넘는 인구가 이란, 아프가니스탄, 이라크, 터키 등지에 분포해 있다.

투르크멘인 대부분은 무슬림으로 그들의 종교는 이슬람 신비주의인 수피즘뿐만 아니라 중앙아시아 토착신앙과 샤머니즘의 영향도 많이 받았다. 또 투르크멘 여성 대부분은 무슬림 여성에게 권장되는 히잡을 쓰지 않는다. 이는 투르크멘 여성도 남성처럼 전투에 참여하는 문화가 이슬람 율법보다 생활에 더 많이 반영된 결과라고 할 수 있다.

### 부족 중심의 투르크멘인

투르크메니스탄의 주요 투르크멘 부족으로는 테케Teke, 요무드Yomut, 에르사르Ersarı, 사륵Sarık, 살루르Salur, 초브두르Çovdur/Çavuldur, 괵클렌Göklen과 같은 대부족 7개와 소부족 24개가 있다. 각 부족은 그들만의 고유한 계보와 역사 그리고 신화를 가지고 있으며 부족 방언과 전통 복식, 양탄자 장식에서 독특한 차이점을 보인다.

테케 부족은 투르크멘 부족 중 가장 규모가 큰 부족이다. 19세기 중반까지는 정치적으로 가장 강력했으며, 주로 투르크메니스탄 남동부 아할Ahal 지역과 마리Mary 지역에 거주한다. 요무드 부족은 두 번째로 인구가 많은 부족으로 이란 국경에서 가까운 고르간Gorgan 지역을 비롯해 카

스피 해 인근 발칸Balkhan 주와 투르크
메니스탄 북동쪽의 다쇼구즈 주 인근
에 주로 거주하고 있다. 괵클렌 부족
은 호라산 북쪽에 있는 고르간 요무드
족 거주 지역 근방에 살고 있다. 이 외
에 에르사르 부족은 동부 아무다리야
강 지역과 부하라 인근, 살루르 부족
과 사륵 부족은 아프가니스탄과 근접
한 마리 오아시스 남부 지역, 초브두
르 부족은 히바와 망그쉴락Mangyshlak
사이의 사막 지역(북요무드 부족 거주지
의 서부에 해당)에 거주한다.

투르크멘 부족장. ⓒ양민지

## 튀르크계 서남어군에 속하는 투르크멘어 Türkmen dili

Türkmençe gürlap bilyanizmi? 튀르크멘체 귀르랍 빌야니즈미
_ 투르크멘어를 할 줄 아십니까?

투르크멘어는 오늘날 약 1억 5000만 명의 사람이 쓰는 튀르크계 언
어의 하나로 서남 튀르크계 언어, 즉 오우즈 어군에 속한다. 터키, 불가
리아, 북키프로스 등지에서 쓰는 터키어와 몰도바 남부, 우크라이나 서
남부 등에서 쓰는 가가우즈어, 아제르바이잔공화국과 이란 서북부 등에

서 쓰는 아제르바이잔어, 중국 칭하이 성 일대에서 쓰는 살라르어, 투르크메니스탄과 이란 북부에서 쓰는 투르크멘어가 오우즈 어군에 속한다. 투르크메니스탄에 사는 투르크멘인을 비롯해 이란과 아프가니스탄, 러시아 일대에 거주하는 약 300만 명이 투르크멘어를 사용 중이다.

카라쿰 사막에서 꽃 피운 투르크멘 문화

말은 영웅에게 날개요, 양탄자 또한 여성에게 날개이니…….

_ 투르크멘 속담

카라쿰 사막의 오아시스 국가 투르크메니스탄은 약 2100여 년 전 중국의 한 무제가 북방의 유목민족 흉노를 견제하기 위해 차지하려던 서역(지금의 중앙아시아)의 주요 군사물자인 한혈마汗血馬 아할테케Akhal-Teke로 유명하다. 아할테케는 중앙아시아에서 실크로드를 통해 중국으로 전파되었는데, (목 부분에 흐르는 땀에 붉은 물질이 들어 있어) 피 같은 땀을 흘리며 천 리를 달릴 수 있다하여 한혈마라고 불린다. 아할테케는 세계 3대 명마 중 하나로 인정받고 있으며, 삼국지에서 관우가 탔던 말로 알려져 있다. 아할테케는 투르크메니스탄 정부에 의해 양탄자와 함께 국가보호상품으로 관리되고 있다. 외국정상들에게 선물되는 외교수단으로 중요한 가치를 지니고 있는 아할테케는 투르크멘인의 자랑이자 투르크메니스탄을 대표하는 국보다. 또한 아할테케는 몸값만 약 12억 원을 상회하며 수려한 외모와 빠른 속도, 지치지 않는 체력을 지니고 있다. 말 중

아할테케.

의 말이라 하여 마왕馬王이라 불리는 한혈마는 실크로드 발전에 큰 역할
을 담당한 것으로 알려져 있다. 특히 신화 속 영웅들에게 말은 단순히 이
동 수단이 아니라 늘 함께하는 동반자이자 조력자였고, 국민에게는 부족
과 나라를 지키는 제2의 영웅이었다.

아침에 일어나 맨 처음 아버지(부모님)를 살피고, 아버지를 살핀 후에 말
을 살핀다.

_투르크멘 속담

말馬은 투르크멘 속담에 자주 등장할 만큼 그들의 문화에 큰 영향을 미쳤다. 투르크멘인은 꿈에서 말을 보면 원하는 것을 쟁취하거나, 좋은 일이 생긴다고 믿는다. 그만큼 말은 문학뿐만 아니라 일상생활에서도 큰 의미가 있는 성스러운 동물로, 친구이자 가족으로 인식된다. 다음은 말과 관련된 투르크멘 속담 중 일부다.

- 말을 이해한 곳에는 결혼식이 열린다(말을 잘 몰고 말과 하나가 되는 이는 영웅이요, 영웅에게는 축하할 일이 많다는 뜻).
- 말을 소유한 자는 날개를 소유한 것과 같다.
- 말을 기르는 것은 곧 국가다(말을 돌보고 기르는 것을 국가를 통치하는 것과 같이 중요하게 여기라는 뜻).
- 말에게 발이 있으면 다른 무엇에도 눈을 돌리지 않는다(말이 있으면 아무것도 필요하지 않다는 뜻).
- 말도 벗이요, 아버지도 벗이다(말과 아버지는 벗이라 부를 만큼 소중하고 가까운 존재라는 뜻).
- 말을 사려면 비단처럼 부드러운 깃의 말을 사고, 여인을 얻으려면 현명하고 조신한 이를 취하라.

투르크멘 문화에서 말이 남성을 상징한다면 양탄자는 여성을 상징하는 만큼 양탄자는 말과 더불어 투르크멘인에게 있어서 중요한 의미를 지닌다. 과거 실크로드 교역이 활발했을 시절 가장 중요하고 값진 교역품 중 하나였던 양탄자는 방한과 방열, 방습 기능이 뛰어나 중앙아시아뿐만 아니라 중동과 아시아에서도 인기가 많았다. 투르크멘 양탄자에 사용되는 색깔에는 각각의 의미가 있는데, 붉은색은 석류, 검은색은 양, 노란색은 황금, 녹색은 잔디를 의미한다. 또한 투르크멘 양탄자는 독특한 문양과 모티프로 유명하다. 투르크멘 부족들은 각 부족을 대표하는 문양이 있으며 해당 부족 여인들은 양탄자를 짤 때 자신들의 부족 문양을 사용한다. 투르크메니스탄 국기에도 이러한 투르크멘 주요 부

투르크멘 여성. ⓒ양민지

족의 문양이 나타나 있다. 국립 투르크메니스탄 양탄자 박물관에는 세계에서 가장 큰 양탄자가 보관, 전시되어 있다. 투르크메니스탄의 양탄자는 크기와 형태에 따라 총 마흔여덟 가지로 나뉜다.

투르크멘 문화는 노인 공경, 각 주요 부족을 대표하는 양탄자와 부족별 문양, 국보 아할테케, 전통 놀이와 의복, 손님에게 대접하는 플로프

투르크멘 전통 양탄자. ⓒ양민지

두타르를 연주하는 투르크멘인(자료: 위키미디어). ⓒ Paul Munhoven

plov(쌀 요리), 카라쿰으로 흘러들어가는 테젠Tejen 강, 은과 귀금속으로 만든 여성 장신구 샤이셉Şayseyp, 바흐쉬(음유시인 겸 무당)와 전통악기 두타르dutar, 가족과 씨족의 문화로 대표된다.

투르크멘인은 다른 중앙아시아 지역 투르크인과 비슷하게 빵을 비롯해 플로프라고 하는 고기와 야채가 들어간 기름진 쌀밥을 먹는다. 또 음식에 향신료를 비교적 적게 넣는데, 주로 굽거나 튀기는 조리법이 많다. 고기 요리로는 양고기를 최고로 여기며 토마토와 양파 등을 사용한 수프도 즐겨 먹는다. 투르크멘인들은 멜론을 즐겨먹으며 멜론을 말려 오래두고 먹기도 한다. 투르크메니스탄에는 수백 가지 품종의 멜론이 있으며,

전통악기를 연주하는 투르크멘 인형.
ⓒ양민지

투르크멘 전통 목각인형.
ⓒ양민지

이 지역은 구소련 당시 멜론의 주 공급지였다. 음료로는 보통 차(우유를 섞어 마시기도 한다)와 요구르트 음료를 즐겨 마신다.

투르크멘인의 전통문화에서는 출생의례, 성년의례, 혼례, 장례 등 통과의례와 관련된 관습을 중요하게 여긴다. 또한 아이의 첫 이갈이, 63세 생일, 신년의 날(노우르즈), 말의 날, 양탄자의 날, 멜론의 날 등을 기념한다. 또 주요 명절 전에는 가족 친지들과 조상의 묘를 방문하는 튀르크 문화권의 전통 풍습을 현재까지 유지하고 있다. 종교 명절로는 라마단 명절과 희생절(이슬람 명절의 하나로 아브라함이 아들인 이삭을 하나님께 제물로 바칠 것을 요구한 데서 시작되었다. 양이나 소를 잡아 친척, 친지, 이웃과 나누어 먹는 풍습이 있다)이 있다.

투르크메니스탄 국립극장(Türkmenistanyň Döwlet Sirki). 서커스 공연 등이 열린다. ⓒ양민지

## 신흥 자원강국 투르크메니스탄의 미래

중앙아시아 지역의 국가들은 2000년대 이후 막대한 천연자원을 바탕으로 급속한 경제성장을 이루고 있다. 투르크메니스탄의 경우 천연가스 매장량이 전 세계 4위를 기록하고 있다. 투르크메니스탄은 이러한 천연자원 수출과 공공투자, 다양한 프로젝트 등을 바탕으로 평균 10퍼센트의 경제성장률(2009~2014)을 기록하고 있다. 이에 따라 한국 정부는 투르크메니스탄 정부와 문화, 경제, 정치적 동반자 관계 발전을 위한 다양

한 협력 방안을 추구하고 있으며, 지난 2015년 4월 정상회담을 가진 바 있다.

투르크메니스탄 정부의 국제적 위상 증진과 균형적인 발전을 위한 노력은 국제사회에서 긍정적 평가를 받고 있다. 그럼에도 여전히 구소련의 잔재인 경직된 사회 분위기와 도시 간 불균형, 외국 자본과 기술에 대한 높은 의존성은 문제로 지적되고 있다.

그러나 앞서 언급한 바처럼 천연가스, 원유, 유황, 요오드, 시멘트 등 풍부한 자원을 바탕으로 발전하고 있는 투르크메니스탄은 중앙아시아 진출의 교두보로 매우 중요하다. 과거 중앙아시아 지역을 호령하고 용맹함을 떨치던 투르크멘인의 화려한 역사처럼 아시아와 유럽의 모습을 동시에 갖고 있는 투르크메니스탄의 발전을 다시금 기대해본다.

‘중앙아시아의 스위스’에 사는 산악인

# 키르기스인

김상철

| ◆ 인구 | 572만 명[키르기스스탄: 410만 명(전체 인구의 72.3퍼센트)] (2013년 키르기스스탄 인구센서스) |
|---|---|
| ◆ 해외 거주 | 우즈베키스탄(25만 명), 중국(14만 명), 러시아(10만 명), 타지키스탄(6만 명), 카자흐스탄(2만 3000명) 등 |
| ◆ 위치 | 중앙아시아 남동부, 톈산 산맥에 위치한 내륙 국가로 카자흐스탄, 중국, 타지키스탄, 우즈베키스탄과 접하고 있음 |
| ◆ 민족 구분 | 튀르크계와 몽골계의 혼종 |
| ◆ 언어 | 키르기스어(국어), 러시아어(공용어) |
| ◆ 문화적 특징 | · 튀르크 전통문화와 몽골 전통문화를 기반으로 하는 이슬람(수니파) 문화와 상대적으로 후대에 유입된 러시아 문화가 공존<br>· 인접한 카자흐인과 문화적으로 많은 유사점이 있음 |

 

키르기스인은 ‘중앙아시아의 스위스’라 불리는 산악 국가 키르기스스탄 총인구(589만 명, 2015년 추정치)의 72.6퍼센트를 차지하고 있다. ‘키르기스인의 나라’를 의미하는 키르기스스탄의 영토는 한반도 전체보다 조금 작은 19만 9951제곱킬로미터이며, 전 국토가 톈산 산맥, 파미르 Pamir 고원, 키르기스 산맥 등 모두 동서로 뻗어 있는 산맥 지대에 걸쳐

키르기스스탄의 대표적인 휴양지 이식쿨 호수. ⓒ황성우

있어, 여러 개의 협곡 지대로 나뉜다.

탈라스키 알라타우 산맥이 중앙부에 동서로 있어 국토의 남북을 구분하는 역할을 하며, 산맥의 북쪽 동부에는 이식쿨 호수가 있고, 북으로 흐르는 추Chu 강, 서쪽으로 흐르면서 페르가나 분지에서 시르다리야 강과 합류하는 나린Naryn 강이 있다. 서부는 동부보다 낮아서 이웃 나라인 우즈베키스탄과 페르가나 분지의 일부분을 공유하고 있다. 키르기스스탄령 톈산 산맥 해발 1600미터 지역에는 산악지대 호수로는 세계에서 두 번째로 큰 이식쿨 호수가 있다.

## 키르기스인의 기원과 역사

고대 키르기스인은 몽골 북동부 지역에 살았는데, 중국, 페르시아 등과 활발하게 교역했고, 알렉산더 대왕의 인도 원정에도 참가했다. 키르기스인에 대한 최초의 기록은 사마천의 사기史記에 나타나는데 견곤隔昆(중국어 발음으로는 Gekun 또는 Jiankun)으로 불렸다. 이들은 5세기경부터 서쪽으로 이동하기 시작하여, 6~8세기에는 시베리아 남부, 바이칼, 예니세이 강 상류를 근거지로 했다. 이 때문에 이 시기의 키르기스인을 예니세이 키르기스라고 부르기도 한다.

6세기 중반에는 돌궐의 지배를 받았고, 8세기경에는 돌궐을 물리친 위구르Uighur 제국의 지배에 들어갔다가, 9세기에 위구르로부터 독립했다. 이후에는 남쪽으로 세력을 확장하여, 10세기 중반에는 바이칼 호 주변을 차지했다.

몽골의 유라시아 대륙 정복이 시작되면서 키르기스인은 남하하여 중앙아시아 지역으로 유입되었다. 13세기 중앙아시아에 진출하면서 이슬람화(수니파)되기 시작해 14세기경에는 현재의 키르기스스탄 지역에 밀집해 거주하기 시작했고, 16세기 이후에는 민족 공동체가 형성되기 시작했다.

18세기에는 청나라, 19세기 중반에는 당시 중앙아시아 코칸트 칸국의 지배를 받다가, 1876년 러시아에 병합되었다. 러시아에 합병된 이후 독립운동이 여러 차례 일어났고, 키르기스인 가운데 상당수가 파미르 고원과 현재의 아프가니스탄으로 이주했다. 1916년에는 제1차 세계대전에 참가하고 있었던 러시아가 중앙아시아인 징집령을 내리자 이에 대한 반발로 반러운동이 일어났다. 이후 다수의 키르기스인이 중국으로 이주했다.

　러시아 통치 시기 키르기스인의 명칭은 카라-키르기스인으로 바뀌었다. 그리고 키르기스는 카자흐를 부르는 이름으로 사용되면서 키르기스라는 명칭에 혼란이 왔다. 1924년 소련에 의해 당시 카자흐를 지칭했던 키르기스 소비에트 사회주의 자치공화국 내에 카라키르기스 자치주KaraKyrgyz Autonomous Oblast가 설립되었다. 1926년 키르기스 자치소비에트 사회주의 공화국은 카자흐 자치소비에트 사회주의 공화국으로 개명되고, 여기에 속했던 카라키르기스 자치주는 키르기스 자치소비에트 사회주의 공화국Kyrgyz Autonomous Soviet Socialist Republic이 되면서 명칭을 회복했다. 1936년 키르기스 소비에트 사회주의 공화국Kyrgyz Soviet Socialist Republic으로 격상되어 소련연방공화국이 되었다.

　1991년 8월 31일에 독립을 하면서 키르기스스탄 공화국Republic of Kyrgyzstan으로 공식 명칭이 바뀌었다. 기존 공산당과는 거리가 있었던 당시 키르기스스탄 과학아카데미 원장 아스카르 아카예프가 1991년 10월 대통령에 당선되며 구소련 공화국 가운데 가장 먼저 사실상의 정권교체가 이루어졌다. 2005년 3월 총선 부정선거로 이른바 튤립혁명으로 불리는 대규모 시위가 일어났다. 이에 따라 아카예프 대통령은 실각하고, 키르기스스탄 남부를 지지기반으로 두는 쿠르만베크 바키예프가 대통령으로 선출되었다. 바키예프 대통령 역시 2010년 4월 반정부 시위로 인해 퇴진했고, 로자 오툰바예바의 과도 내각을 거쳐 2011년 12월 알마즈벡 아탐바예프가 대통령으로 당선되어 현재까지 통치하고 있다.

40개 부족을 상징하는 키르기스스탄 국기.

## 40개 부족 공동체 유산과 남북 세력의 경쟁

키르기스스탄이라는 국가명에는 키르기스인의 부족 중심 공동체가 그대로 나타난다. 키르기스라는 단어는 튀르크어에서 40을 의미하는 크륵Kyrk에서 기원한다. 이는 바로 키르기스인을 구성하는 공동체가 40개 유목 부족에서 기인했다는 점을 반영하고 있으며, 키르기스스탄 국기에서 보이는 원을 감싸는 삼각형들은 40개의 유목 부족을 상징한다.

이러한 전통 공동체는 키르기스스탄의 자연적인 경계에 따라 남북으로 나누어져 있는데, 특히 근대에서 현대로 넘어오는 과정에서 남쪽 지역과 북쪽 지역은 지리적으로 인접한 강대 세력의 영향을 받았다.

남쪽 지역은 이른바 중앙아시아 정착 문화권의 대표 국가인 코칸트 칸국의 영향을 받았다. 인구 면에서도 지금까지 우즈베크인이 지역 인구의 상당수를 점하고 있어 이 지역 문화에 많은 영향을 주고 있다. 반면 북쪽 지역은 같은 유목민인 카자흐인의 영향을 받았고, 카자흐인이 러시아의 지배를 받게 된 이후로는 러시아의 영향도 많이 받았다. 카자흐인과 키르기스인이 결혼하는 일은 흔하다.

2000년대 중반 이후 키르기스스탄 민주화 과정에서 일어난 이른바 최고 권력자에 대한 반대 시위와 이로 인한 집권층의 변화는 남부와 북부를 기반으로 하는 지방 세력이 권력을 차지하는 경쟁과 협력의 과정이었다.


## 전통 마나스 서사시와 마나스치

키르기스인의 역사에서 전해지는 가장 유명한 인물은 마나스Манас, Manas다. 실존인물인지 전설상의 인물인지에 대해서는 여러 가지 주장이 있는데, 마나스의 이야기를 다룬 마나스 서사시는 키르기스인의 역사를 잘 전해준다.

키르기스인이 살았던 지역은 동서의 문명이 교차하는 강대국을 연결하는 곳이었기 때문에 민족의 독자성을 유지하기가 쉽지 않았다. 영웅 마나스는 이를 위해 평생을 바친 인물이다.

9~10세기에 있었던 키르기스 공동체 독립을 위해 활동했던 마나스의 생애를 다룬 마나스 서사시는 이를 전문으로 하는 구전 공연자들에 의해 이어지고 있으며, 이들을 마나스치Манасчы, Manaschy라고 부른다. 마나스치의 공연은 중앙아시아 지역에서 별도의 악기 반주 없이 이루어지는 유일한 서사시 공연이다.

수도 비시케크에 있는 마나스 기념비.
ⓒ황성우

오늘날의 마나스치.

키르기스인의 전통문화를 보면 인접한 유목민 집단인 카자흐인과 거의 모든 부분에서 같은 문화 요소를 공유하고 있다. 또 키르기스인은 유라시아 대륙에 남아 있는 여러 튀르크계 민족 가운데 도시에 정착하는 양상이 가장 적게 나타나고, 전통적인 유목 생활 패턴이 상대적으로 많이 남아 있다.


일곱 마리 황소의 전설: 제티오구즈 협곡


키르기스스탄의 자연 관광자원 가운데 특이한 곳은 바로 이식쿨 호수 동남부에서 얼마 떨어지지 않은 곳에 있는 제티오구즈JETI-OGUZ 협곡이다. '제티오구즈'는 일곱 마리의 황소를 의미하는 키르기스어로, 35킬로미터에 달하는 적갈색 절벽이 성난 황소 일곱 마리가 줄지어 서 있

제티오구즈 협곡. ⓒ 황성우

는 모습과 닮았다 하여 붙은 이름이다.

### 전통 자수 공예: 벽걸이용 자수 투시키즈

투시키즈Tush kyiz, туш кийиз는 벽걸이용으로 사용하는 자수품으로 키르기스스탄과 카자흐스탄에 아직도 그 전통이 남아 있다. 자녀들이 결혼할 때 만들어 결혼한 자녀들의 집안 가보로 이어진다. 그래서 한 가족의 유르트에는 그 집안 고유의 투시키즈가 걸려 있다.

투시키즈는 유르트 실내 중심부 벽에 양탄자 등과 같이 걸려 있고 주

벽걸이용으로 사용하는 자수품 투시키즈.　　투시키즈와 양탄자가 걸려 있는 유르트 내부.
　　　　　　ⓒ황성우　　　　　　　　　　　　　　ⓒ황성우

로 행복한 결혼을 축하하는 의미가 담겨 있다. 투시키즈의 색깔과 디자인은 키르기스 전통이 상징적으로 반영되어 있다. 오늘날 투시키즈 제작은 대부분 농촌 지역 여성들이 담당한다.


### 전통 양탄자 공예 시르닥

투시키즈는 개인이 집에 소장하는 경우가 대부분인데 반해, 양탄자 공예 작품인 시르닥шырдак, shyrdak 은 주로 판매용으로 만든다. 카자흐인 사이에는 시르막сырмак, sirmak 으로 불린다.

시르닥 공예로 만드는 발 깔개용 양탄자에는 양 다섯 마리 분의 털이 사용되며, 시르닥 제작은 많은 시일이 소요되는 노동집약적인 과정으로 투시키즈와 마찬가지로 주로 농촌 지역 여성들이 참여한다.

전통공예품 시르닥(자료: 위키피디아). ⓒSarah Stierch

## 전통 가옥 유르트

유목민인 키르기스인의 전통 가옥은 카자흐의 유르트나 몽골의 게르와 외양에서 흡사한 모습을 보이는데, 카자흐의 유르트에 훨씬 더 가깝다. 유르트는 전통적으로 초원에서 유목할 때 사용하는 이동 가옥으로 중요한 역할을 했다.

소련 시기에 들어와서 키르기스인 역시 카자흐인처럼 전통적인 주거

| 1860년대 키르기스인 유르트. | 유르트를 레스토랑으로 사용하는 모습. |
| --- | --- |
| | ⓒ황성우 |

양식 대신 아파트와 일반 주택 중심으로 주거 문화가 재편되었다. 키르기스스탄 독립 이후 도시에서 유르트는 상시적인 거주 공간보다는 전통 문화를 체험하는 관광 상품의 일환이나, 전통 식당 건물로 이용되는 경우가 많다. 산악 유목지대의 유목민은 여전히 이동 가옥으로 많이 활용하고 있다.

## 키르기스인의 전통 의상

키르기스인의 전통 의상은 인접한 유목민 집단인 카자흐인, 정주민 집단인 우즈베크인과 많은 공통점이 있다. 그중 유목민 집단이었던 카자흐인의 전통 의상과 디자인, 재료 측면에서 닮은 부분이 더 많다. 키르기스 전통 의상에는 전통 문양을 추상화한 자수가 많이 놓여 있다.

여성 전통 의상은 보통 흰색으로 된 긴팔 원피스와 전통 가운이나 조

축하공연을 위해 전통 의상을 입은 키르기스 여성들. ⓒ황성우

끼로 구성된다. 미혼 여성은 치마 형태의 전통 의상 '코이노크koinok'를 입고, 그 위에 카자흐 여성 의상과 비슷한 가운이나 조끼를 입는다. 결혼 식에서 신부는 카자흐 결혼식에서 신부가 쓰는 '사우켈레'와 비슷한 모 양에 전통 문양과 깃털이 장식된 원뿔 형태의 모자를 썼다.

　미혼의 젊은 여성이 머리에 쓰는 모자나 두건은 연령대, 결혼 여부에 따라 구분되며, 타키야Takiya나 보릭Borik 같은 것으로 구분된다.

　중년 이상의 여성이 머리에 쓰는 터번 형식의 흰색 모자를 엘레체크

키르기스 남성의 전통 모자 칼팍.

Elechek라고 부르는데, 가운데 부분 장식은 색깔이나 문양이 다양하다. 엘레체크는 여름, 겨울에 주로 이용되었고, 엘레체크를 쓰지 않고 바깥 외출을 하는 경우는 없었다. 오늘날에는 전통 명절이나 전통 공연 행사 등에서 중년 이상의 여성이 이러한 전통 의상을 주로 입는다.

키르기스 남성은 중장년층이나 농촌 지역을 중심으로 아크칼팍Ak-Kalpak이라 부르는 전통 모자를 많이 쓴다. 이 모자는 밝은색 펠트로 만들며 역시 전통 문양이 장식되어 있다.

겉옷으로는 차판이라고 부르는 가운을 즐겨 입는다. 인접한 유목민인 카자흐인의 차판은 주로 어두운색이 주를 이루는데, 키르기스인의 차판은 흰색이나 밝은색이 많다. 차판도 역시 오늘날에는 주로 장년층 이상의 세대가 입거나, 전통 명절이나 축일에 입는다.

지역별 인접 민족의 영향을 많이 받은 음식 문화

오늘날의 키르기스스탄은 소련 초기 국토를 획정하는 과정에서 북부와 남부에 지배적인 영향을 끼친 인접 민족이 달랐다. 그 때문에 음식 문

전통 튀김 빵 보로속.
ⓒ 황성우

키르기스 양고기 요리.
ⓒ 황성우

화에도 이러한 특징이 나타난다. 북부는 카자흐 음식 문화에 가깝고, 남부는 우즈베크 음식 문화와 유사하다.

그래서 키르기스 전통 요리는 카자흐나 우즈베크 요리와 여러 가지 면에서 동일한 것이 많고, 명칭만 조금 다른 경우가 대부분이다. 따라서 음식에는 양고기, 소고기와 말고기로 만든 요리가 많고, 양젖이나 말젖 등을 발효시킨 유제품이 많다.

카자흐에서 바우르삭이라고 부르는 전통 튀김 빵은 보로속Borsok 이라고 부르고, 양고기나 말고기를 이용한 대표 요리인 베시바르막, 쿠르닥Kuurdak 등은 키르기스에서도 같은 이름으로 부른다.

타지크인이나 우즈베크인 사이에서는 오시라 부르고, 러시아어로는 플로프라 부르는 볶음밥 요리는 키르기스에서는 팔루Paloo 라 부르는데, 식자재의 구성이나 조리법에서는 차이가 두드러지지 않는다.

키르기스인의 출산 의식과 남아선호사상

　유목민이었던 키르기스인에게 출산은 큰 의미를 지녔다. 그러나 유목이 가지는 불안정한 주거환경, 위생 등의 문제로 유아 사망률이 매우 높았다. 따라서 아이 출산 과정 자체에 샤머니즘에 바탕을 둔 전통적인 의식이 많이 행해졌고, 이러한 전통은 오늘날에도 이어지고 있다.

　출산이 이루어지는 유르트의 가운데에는 막대기를 세워둔다. 이를 우주 나무Cosmic Tree로 여겼는데, 산모는 출산 중에 이 상징 나무를 붙잡고 있어야 했다. 산파가 출산을 도왔는데, 산파는 대지의 여신으로 상징되었기 때문에 출산 과정에서 산모와 아이의 보호자로 받아들여졌다. 출산 후 이삼일 동안 산모와 아기를 돌본 산파는 출산 축하잔치인 제엔텍 토이Де-энтек Той, Dje-entek Toi에서 훌륭한 대접을 받는다. 산모에게는 양 가죽이 선물로 주어졌고, 축하 음식으로 먹는 고기도 가장 맛있는 부위인 가슴살을 받았다. 잔치에 초대받은 손님들은 아기를 위한 선물로 아기 옷이나 전통 자수인 시르닥을 준비했다. 이후 7일 정도가 지나면 아이를 나무로 만든 요람에 뉘어주는 의식인 베식 토이가 열렸는데, 요람의 형태나 의식은 카자흐인의 베식 토이 잔치와 동일하다.

　아이를 출산할 수 없거나 딸만 낳은 경우에는 일부다처제를 통해 아들을 낳도록 했다. 딸이 태어나면, 딸은 다른 사람의 가정에서 양육되었다. 키르기스인의 남성 중심적 관습은 전통 혼례에서도 나타난다. 키르기스 혼례에는 신부 납치혼이라는 풍습이 존재한다. 신랑 측에서 신부될 아가씨를 납치하면, 신랑 부모는 신부의 친부모에게 "당신은 더는 딸이 없습니다. 그 아이는 이제 우리 딸입니다"라고 이야기하며 혼인 소식을 전했다. 이는 여성의 소속 공동체가 태어난 가족에서 남편 및 남편 가족으로 바뀌는 것을 뜻했다. 신부납치 전통은 오늘날에도 키르기스인 공동체 일부에 남아 있는데, 여성 인권단체를 제외하고는 심각한 사회문제로 여기지 않는 경향이 강하다.


## 키르기스스탄 경제와 키르기스인 노동 이주

키르기스인은 중앙아시아 민족 가운데 우즈베크인과 더불어 외국에서 노동자로 경제활동을 하는 대표적인 나라 가운데 하나다. 러시아 및 카자흐스탄에서도 이들이 많이 진출하여 주로 저임금 노동 직종에서 일하고 있고, 우리나라에도 외국인 산업연수생으로 들어와서 계약된 기간에 일을 하고 있다.

해외에서 외국인 노동자로 있는 키르기스인이 본국으로 송금하는 액수는 키르기스스탄 연간 국가수입의 20~30퍼센트에 달할 정도로 경제에서 차지하는 규모가 크다. 러시아는 외국인 노동자 관련 규정에서 러시아어 구사능력을 강화하고 있다. 따라서 헌법에 러시아어가 국가 공용어로 명시되어 있는 키르기스인이 러시아어를 사용하는 국가에 진출하는 일은 더욱 확대될 전망이다.

또 2015년 6월 유라시아경제연합에 가입함으로써 그간 중국과 중앙아시아를 연결하는 중간 지점 역할을 했던 키르기스스탄은 중국과 중앙아시아, 더 크게는 중국과 유라시아경제연합을 연결하는 가교 역할을 할 것으로 예상된다.

페르시아 제국 유산의 계승자

# 타지크인

김상철

| ◆ 인구 | 1600만~2200만 명(타지키스탄: 678만 명) |
|---|---|
| | (『CIA 월드 팩트북』, 2014) |
| ◆ 해외 거주 | 아프가니스탄(700만~860만 명), 우즈베키스탄[142만 명(비공식집계로는 800만~1100만 명)], 그 외 파키스탄, 러시아, 미국, 키르기스스탄, 중국에 거주 |
| ◆ 위치 | 우즈베키스탄, 중국, 아프가니스탄, 키르기스스탄과 국경을 접하고 있음 |
| ◆ 민족 구분 | 페르시아계 |
| ◆ 언어 | 타지크어(국가 공식어), 러시아어(사회 통용어) |
| ◆ 문화적 특징 | 타지크인 대다수는 중앙아시아 정착 지대의 전통문화라 할 수 있는 페르시아 문화를 바탕으로 하는 수니 무슬림 문화에 속함 |

타지크인이란

타지크인은 아무다리야 강 일대, 타지키스탄 우즈베키스탄에 걸쳐 있는 페르가나 계곡 지대, 파미르 산악지대(타지키스탄의 바다흐샨 산맥) 및 북동 아프가니스탄에 걸쳐 살고 있다. 타지크인은 페르시아어계 방언

타지키스탄 대통령궁의 야경. ⓒ 임수정

을 구사하는 이란계 민족 집단을 뜻한다. 타지크인은 광의적인 측면에서 유목민과는 대비되는 정착민을 가리키는 의미로도 사용되었고, 또한 사산왕조와 이슬람의 중앙아시아 통치 초기에 토지와 결부되어 생업을 유지하는 집단을 뜻하기도 했다. 오늘날에는 타지키스탄, 아프가니스탄 및 우즈베키스탄 지역에서 페르시아어를 사용하는 이란계 민족을 지칭하는 일반적인 명칭으로 쓰이고 있다.

타지크인의 고대 기원과 지칭 집단의 변화

고대 페르시아인이 중앙아시아로 이주하여 정착한 이후 현대 타지크

타지크 여성의 모습. ⓒ임수정

민족의 기반이 형성되기 시작했다. 특히 고대 페르시아 제국 동부(오늘날의 중앙아시아 정착지대) 박트리아인과 소그드인이 현대 타지크인의 주요 조상집단에 해당된다.

'타지크Tazik,Tezik'라는 명칭의 의미는 여러 번 바뀌었다. 초기에는 민족정체성과는 연관되지 않는 개념이었으며, 아랍 부족명칭 타이Taiy에서 기원한 중앙아시아에 있는 아랍인을 뜻했다. 이후 의미가 확장되어 중앙아시아에서 아랍의 지배를 받는 페르시아계 민족까지 포함되었고, 11세기경 중국 문헌에는 타지크의 중국식 발음인 대식大食으로 표기되었다.

유목계로는 최초로 중앙아시아를 지배했던 카라한 왕조(840~1212)에서는 '테지크tezhik'가 유목전통의 튀르크와 대비되는 이란계(또는 페르시아계) 정착민을 가리키는 용어로 사용되었다. 이후 의미가 확대되어 중앙아시아에서 이슬람을 받아들인 사람, 즉 무슬림을 의미하는 용어로 사용되었다.

20세기 초까지 교역에 종사하면서 도시에 정주하고 있었던 타지크인은 중앙아시아의 정착민을 의미하는 '사르트Sart'라는 명칭으로 불리기도 했으며, 중앙아시아에 정착한 튀르크계 우즈베크인을 부르는 명칭으로 쓰이기도 했다.

타지키스탄을 건국한 인물로
추앙받는 이스마일 이븐 아흐
마드(이스마일 소모니)의 동상.
두샨베에 있다. ⓒ 임수정

타지키스탄 두샨베 루다키 공원에 있는 루다키의 동상.
루다키는 9~10세기 타지크의 대표 시인이다. ⓒ 임수정

### 타지크 민족 공동체의 형성

　타지크인의 조상은 고대 박트리아인과 소그드인으로 기원전 6세기
에 페르시아 제국에 병합되었다가, 기원전 4세기에는 알렉산더 대왕에
게 정복당하면서 마케도니아 왕국의 지배를 받았다. 이후로는 박트리아,
소그디아나로 불리는 공동체를 형성했고, 7세기에는 튀르크에게, 8세기
에는 아랍에게 정복당했으며, 아랍 지배기에 타지크라는 명칭이 역사 기
록에 등장했다.

　타지크인이 개별 민족 집단으로 변모되는 과정은 8세기 초에 시작되
었다. 그들은 당시 중앙아시아 유목민 집단과는 언어나 생활양식 등에서
차이를 보이는 정착민 집단이었다. 9세기 후반에는 부하라를 수도로 하
는 사만 왕조에 속했으며, 이 지역은 당대 중앙아시아에서 도시가 가장

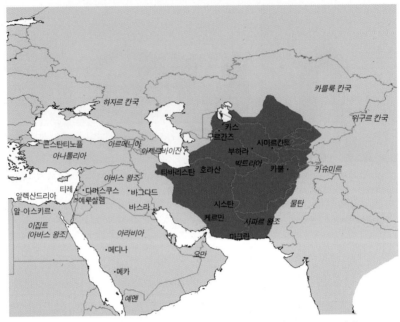

타지크 계통으로는 최초로 중앙아시아를 지배한 사만 왕조의 전성기(819~999) 영역도.

번성한 곳이자 상업, 수공업, 과학, 문학 등이 가장 발달한 곳이었다.

13세기에는 몽골의 지배, 14세기에는 몽골 후예인 티무르 제국의 지배하에 들어갔으며, 이후 티무르 제국을 정복한 우즈베크 칸의 통치가 19세기 말까지 이어졌다. 19세기 말 제정러시아의 중앙아시아 정복과정에서 타지크 공동체 영역의 북부가 제정러시아에 합병되었다. 같은 시기 부하라 제후국The Emirate of Bukhara(부하라 칸국의 또 다른 명칭)의 팽창으로 타지크 공동체 남부가 1877~1878년 부하라의 지배를 받았다.

20세기 초 중앙아시아가 소련 체제에 들어가면서 오늘날의 타지키스탄 북부 지역은 1918년 투르키스탄 자치소비에트 사회주의공화국

타지키스탄 두샨베 인근에 있는 역사 유적지 기사르 요새의 외부 모습. ⓒ 임수정

기사르 요새 성곽에 있는 망루. ⓒ 임수정

Turkestan ASSR에 포함되었다. 1924년 소련이 중앙아시아 민족국가들을 창출하는 과정에서 타지크인 상당수는 우즈베크 공화국에 포함되었다. 이러한 배경으로 이웃 나라인 우즈베키스탄과 동일한 문화 요소를 상당 부분 공유하고 있다. 우즈베크 공화국에 포함되지 않은 타지크인이 살고 있는 지역은 우즈베크 공화국의 자치공화국이 되었다가 1929년 연방공화국이 되었다. 이 과정에서 과거 전통적인 타지크 민족에는 속하지 않았던 파미르 산맥 지역 민족들은 타지크 공화국 국민에 포함되었다. 이때 타지키스탄으로 편입된 파미르 산악지대에 있는 이스마일파 무슬림 집단은 수니 무슬림 문화와 구분되는 고유문화를 유지하고 있다.

1991년 소련이 붕괴한 이후 타지크 공화국은 소련에서 독립했지만 두샨베 같은 도시 지역에서는 러시아어 및 러시아 문화의 영향이 유지되고 있다. 또한 독립 이후 그간 국가 내부에서 강하게 나타났던 민족 분포의 지역적인 상이성, 자연지리 경계에 따른 지역공동체의 확연한 구분, 종교와 정치가 결부된 지역 군벌 간 세력 경쟁 등의 요인으로 내전이 일어나기도 했다.


## 타지크인 최대 거주국은 아프가니스탄

타지크인은 오늘날 타지키스탄의 중심을 이루고 있는 주요 민족 집단으로 아프가니스탄, 우즈베키스탄 등에도 살고 있으며, 1991년 독립 이후에는 러시아로 노동 이주를 떠난 사람이 증가하여 러시아에도 타지크인 공동체가 형성되어 있다.

타지크인의 국가인 타지키스탄은 북위 36~41도, 동경 67~75도에 있으며, 중앙아시아에서 가장 작은 내륙 국가다. 총인구는 800만 명(2014년 추정)으로 파악되며, 인구의 80퍼센트가 타지크인이다. 아프가니스탄에는 최소 700만 명에서 최대 860만 명(2013년 추정) 정도의 타지크인이 살고 있고, 이는 아프가니스탄 인구의 27퍼센트를 차지한다.

2012년 우즈베키스탄에서 인구조사를 한 결과에 따르면, 우즈베키스탄 내 타지크인은 142만 명이지만, 비공식적으로는 800만~1100만 명으로 파악된다. 고대 교역도시가 현대 도시로 성장한 우즈베키스탄 부하라와 사마르칸트 구도심 지역에서 타지크인은 인구 집단 중 최대 비율을 차지하고 있다. 민족 문제 전문가들은 타지크인이 우즈베키스탄 인구에서 차지하는 실제 비율을 35퍼센트 정도로 추산한다.

러시아에 사는 타지크인은 2010년 러시아 인구조사에 따르면 20만 명 규모인데, 소련 붕괴 직전인 1989년에는 3만 8000명 수준이었다. 인접 국가인 파키스탄에도 최소 20만 명에서 최대 100만 명의 타지크인이 살고 있다. 그중 22만 명은 소련의 아프가니스탄 침공과 소련 붕괴 이후 일어난 타지키스탄 내전의 피난민들이다.


타지크인의 축제와 전통 의상


타지크인의 생활에 지배적인 영향을 미치는 요소는 종교다. 역사적인 측면에서 타지크 조상의 종교였던 조로아스터교, 그리고 이슬람 유입 이후에는 이슬람교라는 두 종교가 타지크인의 삶과 신앙에 필수적인 부분으로 남아 있다. 이 두 가지 종교의 다양한 요소가 타지크인의 일상생활에서 서로 유기적으로 연계되어 오늘날까지 이어지고 있다. 조로아스터교는 중앙아시아에서 페르시아계 지배 왕조가 번성하던 시기에 공동체 종교의 역할을 수행했다.

조로아스터교 시기의 생활 풍습은 이슬람 유입 이후에도 일상생활에서 여전히 유지되었는데, 이 가운데 가장 대표적인 것이 바로 새해맞이 행사 나브루즈다. 춘분에 해당하는 시기에 열리는 이 새해맞이 축제는 정착민에게는 농경의 시작, 유목민에게는 유목의 시작을 알리는 기능을 했다. 이 축제의 축하 행사와 음식은 정주문화를 공유하고 있는 우즈베크인의 나브루즈 축하 음식과 거의 동일하다.

조로아스터교가 중심이었던 중앙아시아 정착 사회에 변화를 가져온 것은 7세기 아랍이 유입되면서 전파된 이슬람교라고 할 수 있다. 이후 이슬람은 타지크 전통문화의 핵심요소가 되었고, 타지키스탄은 지난 2009년 중앙아시아 국가로는 유일하게 이슬람을 국교로 채택했다.

조로아스터교, 이슬람교를 기반으로 하는 전통문화는 제정러시아, 소련 시기를 통해 러시아 문화가 유입되면서 좀 더 다양한 양상으로 변화되었는데, 이러한 다문화 유형은 도시 지역에서 잘 나타난다.

도시에 사는 타지크인의 결혼식은 전통 요소와 현대 요소가 혼재되어 있다. 의상 및 의례에서는 신부가 베일을 쓰고 전통 의상을 입는 등 이슬람 문화 요소가 나타나고 있지만, 신랑, 신부가 하객들과 함께 즐기는 피로연에서는 남녀의 공간적인 구분을 강조하는 이슬람 전통을 전혀 찾아볼 수 없다.

타지크인의 전통 의상은 중앙아시아 전역에 영향을 주었는데, 외관

타지키스탄 도시의 현대결혼식 피로연 모습들. ⓒ 임수정

상으로는 인접한 우즈베크 전통 의상과 거의 구분이 불가능할 정도이다. 오늘날에는 서양 문화, 서양 의복의 영향으로 변화된 모습이 나타나지만, 길거리 및 시장에서 전통 의상을 입은 타지크인을 쉽게 찾아볼 수 있다. 특히 전통 명절 및 각종 축하행사에서 전통 의상을 입은 젊은 여성의 숫자가 늘고 있다. 또 최근 타지키스탄 대통령이 도회지의 젊은 여성들에게 아랍과 구분되는 전통 의상을 착용하길 권고하는 발언을 하기도 했고, 아이의 이름을 지을 때 아랍식으로 짓는 것을 금지하는 조치를 취하

기도 했다.

아직도 전통적인 생활 풍습이 중심을 차지하고 있는 농촌 지역에서는 전통 의상 차림으로 생업에 종사하는 사람들을 쉽게 볼 수 있다. 특히 노년층에서는 남녀노소 구분 없이 전통 의상에 대한 선호가 두드러진다.


## 우즈베크와 흡사한 음식 문화, 거주 문화

타지크 전통 음식은 역사 및 문화적인 측면에서 러시아, 이란, 아프가니스탄, 우즈베키스탄과 공통점이 많은데, 특히 우즈베크 음식과는 구분이 어려울 정도로 비슷하다.

고기와 견과류 및 기름을 이용해서 조리하는 볶음밥 오시(민족에 따라서 플로프 또는 필라프라 부르기도 한다)는 가장 대표적인 요리로 우리나라의 볶음밥보다 훨씬 더 기름지다. 아울러 전통적인 음료로는 녹차가 있다.

전통적인 식사는 마른 견과류, 수프 등으로 구성된 전채요리, 주 요리인 오시의 순서로 이어진다. 이때 '논non, нон'이라고 부르는 둥근 빵이 함께 나오는데, '음식상에 논이 빠져 있으면, 음식이 차려진 것이 아니다'라는 말이 있을 정도로 타지크 음식에서 '논'이 차지하는 의미는 여전히 크다.

타지크인의 주거 양식은 기본적으로 정착 문화를 기반으로 한다. 따라서 전통적인 주거 문화는 주택을 기반으로 이루어져 있지만 지역적으로 차이가 있다. 타지키스탄 영토의 상당 부분은 과거 부하라 칸국

논을 반죽하는 모습.
ⓒ 임수정

전통 화덕에서 논을 굽는 모습.
ⓒ 임수정

완성된 논의 모습.
ⓒ 임수정

타지크인 마을 공동체 잔치(여성 모임).
ⓒ 임수정

Khanate에 속한 지역이었다. 이 때문에 타지키스탄 대부분 지역의 주택 형태와 주거 양식은 역사적으로 부하라 칸국의 전통과 문화를 공유하고 있는 인접국가 우즈베키스탄과 비슷하다. 소련 시기에는 전통적인 건축과 인테리어 형태가 유지되면서 기능적인 편의성 측면에서는 소련식의

기사르 성곽 주변의 농촌 마을 풍경. ⓒ 임수정

건축양식이 더해지기도 했다.

　타지크인의 주거 문화에서 다른 지역과 구분되는 특징을 보이는 곳은 바로 소련 시기에 타지키스탄에 포함된 파미르 산맥 지대다. 이 지역의 주택은 외양은 단순한 패턴이지만 파미르 지역의 문화 및 종교적인 특징을 잘 보여준다. 실내 공간은 이슬람 사원에서 흔히 보이는 높은 기둥 양식과 우주를 상징하는 인테리어가 반영된 천장 양식이 특징이다.

대부분의 전통 주택은 창문이 바깥으로 나 있지 않은 대신 실내의 천장을 통해 볕이 들도록 내실 구조를 만들어 추위를 막도록 되어 있다.

또한 전통적인 농촌 지역에서는 지붕은 기능적인 측면에서 곡식이나 과일, 연료로 사용할 동물의 배설물을 말리는 공간으로 쓰였으며, 지붕 위에는 건초 더미가 높게 쌓여 있기도 했다.


## 현대 타지크 민족의 딜레마

오늘날과 같은 중앙아시아 공동체의 정치적·지리적 분할 양상은 역사 및 문화적인 경계와 불일치했고, 이는 공동체 내부의 갈등 요인으로 작용하고 있다.

고대 및 중세 시기 중앙아시아 정착 지대에서 번성했던 실크로드 문화와 역사 유적은 오늘날 타지키스탄과 우즈베키스탄에 나누어 분포되어 있다. 이는 소련 체제가 형성되는 과정에서 당시 중앙아시아에서 가장 강한 부하라 칸국을 기계적으로 분할하면서 나타난 결과다.

타지크와 우즈베크라는 서로 다른 명칭에도 불구하고 제정러시아 시기까지 이들은 실질적으로 동일한 문화 및 정치 공동체에 속해 있었기 때문에 페르시아계와 튀르크계라는 혈통적 차이는 두드러지지 않는다. 이러한 측면에서 중앙아시아 정착 문화와 역사를 이어받은 타지크인과 유목 공동체 혈통이지만 중앙아시아 정착 공동체의 문화와 역사를 받아들인 우즈베크인은 공통의 역사, 문화 변화 과정을 공유하고 있다.

# IV.   고대 문명지 캅카스의 민족

캅카스는 옛 아랍 학자들이 '언어들의 산' 이라고 불렀을 만큼 세계에서 가장 많은 언어와 민족이 있는 곳이다. 또한 그리스 로마 신화나 성경에 언급될 정도로 깊은 역사가 숨 쉬고 있는 곳이기도 하다. 이곳의 조지아인, 아르메니아인, 아제르바이잔 인은 유구한 역사와 함께 독특한 문화를 보전하고 있다.

장미와 와인을 닮은 민족

# 조지아인

김은희

| ◆ 인구 | 약 400만 명[조지아 내 3,224,564명으로 조지아인의 83.7퍼센트 (2014년 조지아 인구조사 결과, 압하지야와 남오세티야 제외)] (자료: 위키피디아) |
|---|---|
| ◆ 위치 | · 근동, 캅카스 서쪽, 흑해 동쪽 연안<br>· 남쪽으로는 아르메니아, 터키와 국경을 접하고, 남동쪽으로는 아제르바이잔, 동쪽과 북쪽으로는 러시아와 이웃 |
| ◆ 민족 구분 | 남캅카스(카르트벨) |
| ◆ 언어 | 조지아어 (주민의 71퍼센트, 2002년 조지아 인구조사 자료 4,369,579명 기준) |
| ◆ 문화적 특징 | 이슬람 문화권의 지배를 오랫동안 받았지만, 주민 대부분(83.9퍼센트)은 조지아 정교를 믿음 |

• 우정과 불화는 형제다.

• 부(富)는 눈이 먼 데다, 파리와 같아서, 거름에 앉기도 하고 장미에 앉기도 한다.

• 물보다 와인에 빠져 죽는 사람들이 더 많다.

_ 조지아인의 속담

이 세 가지 속담은 조지아인을 가장 잘 대변해주는 말일 것이다. 우정과 불화에 대한 속담은 어제의 동지가 오늘의 적이 되어야 했던 조지아 민족의 피침과 독립의 역사를 반영하고 있다. 두 번째 속담은 부富가 자리하는 곳이 더러운 거름 위가 될 수도 있고 가장 아름다운 것의 상징인 장미가 될 수도 있다고 말하면서 가진 자들의 노블레스 오블리주를 은근히 강조하고 있다. 부에 대한 또 다른 속담 '부富는 신 앞에 죄악이고 가난은 사람들 앞에 죄악이다'도 부유함에 대한 조지아인의 비판적 시각을 드러낸다. 조지아인의 특징은 부와 가난, 둘 다를 경계한다는 것이다. 또한 조지아는 와인의 종주국답게 와인에 관한 속담이 많은데 그와 더불어 술의 중독성에 대한 경고를 담는 것도 잊지 않았다.

조지아인은 이베리아-캅카스 어족語族에 속하는 조지아어를 사용하며 독립적인 문자 체계를 가지고 있다. 조지아를 비롯하여 러시아, 미국, 터키 등 여러 나라에 거주하는 400만 명 이상의 조지아인이 조지아어를 쓰고 있다.

조지아인은 80퍼센트 이상이 조지아 정교를 믿고 있는데, 조지아의 그리스도교 수용과 그 역사는 유서가 깊다. 예수의 열두 사도 중 다섯 명이 직접 조지아 땅에서 기독교를 포교했으며, 캅카스 지역에서는 아르메니아(301년)에 이어 두 번째로 326년에 성聖 니노가 기독교를 국교로 채택했다. 그 후 467년 안티오크 정교회로부터 독립 교회로 인정받았다. 조지아는 수많은 이민족의 침입 속에서 신앙을 지켜내면서 수천 명의 순교자를 배출한 것으로도 유명하다.

고성과 현대 건물이 어우러져 있는 조지아. ⓒ 권영아

### 인류의 시원始原과 잇닿은 곳, 조지아

조지아인이 사는 곳(조지아어로는 사카르트벨로)은 인류의 시원과 잇
닿아 있는 공간이다.

아프리카 일부 지역, 인도네시아와 베이징 등을 비롯한 극소수 지역
에서만 인류 최초로 직립보행을 한 원시인류가 발견된다는 점을 고려할
때, 조지아에서 확인된 '호모 에렉투스 게오르기쿠스Homo erectus georgicus'
의 존재는 조지아인의 기원을 인류의 시작까지 끌어올린다. 180만~160

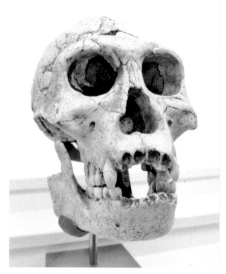

호모 에렉투스 게오르기쿠스.

만 년 전, 조지아에는 당시 지구에서는 구경하기 힘들었던 존재, 그 이름
도 고귀한 '직립보행' 인류가 살고 있었다.

지구상의 마지막 빙하기가 끝난 뒤(1억 5000~1억 2000년) 현 인류는
각자의 지역에서 자신들만의 문명을 만들어가기 시작했다. 물론 처음에
는 모두 돌을 사용했다. 그러다가 어떤 계기를 만나 누구는 청동기와 철
기 문명을 건설했고, 또 다른 종족이나 민족(대표적으로 남태평양 지역의
원시 부족)은 근대가 성립되던 시기까지도 석기를 주요 도구로 사용했다.
이런 차이가 재레드 다이아몬드가 『총, 균, 쇠』에서 지적하듯이, 현대의
불평등 구조를 만든 주된 원인이다. 결국, 석기에서 청동기와 철기로 넘
어가는 계기를 접했는지 여부가 국가 문명의 발전을 가늠하는 중요한 지

침 가운데 하나인 셈이다. 그런 면에서 조지아인의 주요 거주지로서 조지아는 현대 세계 질서를 주도할 수 있는 기틀이 마련되어 있었다. 기원전 7세기경 조지아는 이미 청동기를 사용할 수 있는 능력을 보여줬으며, 더 나아가 이를 자유롭게 사용할 수 있는 기술력도 갖고 있었다.

이렇듯 고도로 발전된 기술력을 바탕으로 조지아인은 기원전 12세기~기원전 8세기경 자신들의 최초 국가를 만들었다. 그러나 인류 시원과 맞닿아 있고, 강력한 기술력을 보유했던 조지아인은 막강한 나라를 형성하지는 못했다. 당시 세계에서 가장 강력한 나라와 문명에 의해 끊임없이 침탈을 당했기 때문이다. 기원전 8세기에는 그리스, 기원후 1세기에는 로마, 6~10세기에는 페르시아와 셀주크 튀르크, 13세기에는 몽골-타타르, 15세기에는 오스만 튀르크, 18세기 후반부터 1991년까지는 러시아의 침략과 강점을 거쳤다. 이름만 들어도 무시무시한 나라들이 모두 한 번은 조지아를 공격했고, 강제로 점령했다. 결국 고대부터 20세기까지 조지아와 조지아인의 역사는 외부 강점과 독립을 열망하던 사이 그 어디쯤 있었다.


## 조지아인가? 그루지야인가?


조지아는 러시아어로는 '그루지야Грузия'라고 지칭되고, 조지아어로는 '사카르트벨로Сакартвело'라고 명명된다. 사카르트벨로는 조지아인이 자기들을 부르는 카르트벨리картвелы와 장소를 뜻하는 접사 '사ca-'와 '오-o'가 결합한 말이다. 즉, 사카르트벨로란 '카르트벨리가 사는 곳'이란 뜻이다.

러시아어에서는 조지아의 국가 명칭을 '그루지야', 조지아 민족을 '그루진Грузин'이라고 불렀으며, 동유럽 국가들도 러시아어 명칭들을 그대로 사용했다. 1389년 사제 이그나티 스몰냐닌Игнатий Смольнянин 의 팔레스타인 여행기에서 구르지гурзи 에 대한 언급이 등장하며, 아파나시 니키틴의 『삼대양으로의 여행Хожение за три моря Афанасия Никитина』(1466~1472)에서 구르지야 땅Гурзыньская земля 에 대한 언급이 나온다.

이후 구르지는 러시아어에서 자모 교체 현상이 일어나서 그루지니грузины 로 바뀌었다가 전통적으로 국가 명칭을 뜻하는 러시아어 접미사 '이야-ия'가 붙어서 '그루지야Грузия'가 되었다. 서유럽 국가들에서 그루지야는 조지아Georgia(일부 국가에서는 '게오르기야')라고 불린다. 이 명칭은 터키어로 그루지야인을 뜻하는 구르지гурджи, gurdzi, 규르지гюрджи, gurdzi 에서 온 것으로 추정하기도 한다. 참고로 13세기 마르코 폴로는 '그루지야'를 조다니Jorganie 라고 했고, 현대 터키어로는 구레이스탄Gureistan 이라고 한다.

이뿐만 아니라 조지아(그루지야, 게오르기야)라는 명칭과 관련해 여러 이설異說 이 있다. '곡물 경작지'를 뜻하는 '게오르기야'에서 파생되었다는 설도 있고, 그리스어로 '농부'를 지시하는 '게오르고스'에서 유래했다는 설도 있다. 그리고 중세 시대 수많은 사원의 이름으로 사용되었던 '성 게오르기'의 이름에서 유래했다는 설도 있고, 조지아 통치자 중 무려 열두 명이 '게오르기'라는 이름을 갖고 있었으며, 그 결과 '게오르기야'가 국명이 되었다는 설도 있다.

조지아 수도 트빌리시에 있는 이슬람 사원.　　조지아의 오래된 성당.
ⓒ 권영아　　　　　　　　　　　　ⓒ 권영아

조지아의 지정학적 위치

　　한 민족과 그 나라를 가리키는 명칭이 다양하다는 것은 역설적이게
도 조지아인의 삶과 조지아의 역사가 그만큼 순탄치 않았음을 방증한다.
조지아인이 걸었던 길이 질곡의 과정일 수밖에 없었던 가장 큰 이유는
지정학적 위치다.

　　조지아는 새뮤얼 헌팅턴이 『문명의 충돌』에서 말했던 '문명의 단층
선'에 있다. 러시아로 대변되는 그리스 정교와 터키로 상징되는 이슬람
문명이 접점을 이루는 곳에 조지아가 있는 것이다. 또 흑해와 카스피 해
사이에 자리 잡음으로써 지정학적으로 매우 중요한 위치를 점한다. 러시

아가 서양 문명의 중심지인 지중해를 향해 내려가기 위한 최단거리이자, 지중해 문명과 이슬람 문명이 북쪽으로 이동하기 위한 최적의 통로가 바로 조지아인 셈이다. 결국 조지아는 유럽을 주도했던 문명들 사이에 터를 잡고 있다. 이는 조지아가 자신의 의지와 상관없이 외부 세력과 조우할 수밖에 없는 운명임을 나타낸다.

조지아의 현재

조지아는 1991년 4월 9일 러시아에서 독립했다. 1783년 러시아와 '게오르기옙스크 협정Treaty of Georgievsk'을 체결하고, 조지아 왕국의 자치

미하일 사카슈빌리(자료: 위키미디어).
ⓒ World Economic Forum

게오르기 마르그벨라슈빌리
(자료: 위키미디어). ⓒ Bundesministerium

2003년 11월에 일어난 장미혁명(자료: 위키미디어). ⓒ Zaraza

권을 보장받는 조건 아래 제정러시아에 편입되었다. 그 이후 합병과 재
합병 과정을 반복하다가 소련 해체와 맞물려 1991년 러시아에서 완전히
독립했다. 미하일 고르바초프 소련 공산당 서기장과 더불어 개혁정책인
페레스트로이카를 주도했고, 소련 붕괴를 맞이했던 소련 외무장관 출신
의 에두아르트 셰바르드나제가 조지아의 초대 대통령에 취임했다. 그는
재선에 성공했지만, 2003년 대중시위로 하야했다. 이후 '장미혁명Rose
Revolution'을 통해 셰바르드나제를 권좌에서 끌어내렸던 미하일 사카슈
빌리가 대권을 이어받았다. 지금은 친러시아 성향의 게오르기 마르그벨
라슈빌리 정권이 조지아를 통치하고 있다. 따라서 셰바르드나제에서 마

르그벨라슈빌리에 이르기까지 21세기 조지아인은 일정 정도 러시아와의 관계 설정 위에서 국가의 정체성을 결정해갈 것이다. 러시아는 조지아가 서방을 향해 문을 여는 것을 절대 좌시하지 않을 것이다. 러시아가 지중해를 향해 나가는 길목에 조지아가 있기 때문이다. 이처럼 조지아의 자의적 결정이 아니라 조지아가 있는 지정학적 위치가 러시아와의 관계 설정에 주목하게끔 강제하고 있다.

장미를 닮은 조지아인

옛날에 한 화가가 살았네 / 작은 집 한 채와 그림들이 전부였네 / 그는 여배우를 사랑했네 / 그녀는 꽃을 사랑했네 / 화가는 집을 팔았네 / 모든 그림을 팔고 동전 한 푼도 남기지 않았네 / 그리고 전 재산으로 샀네 / 꽃의 바다를.
백만 송이, 백만 송이, 선홍빛 장미 백만 송이 / 창문으로, 창문으로, 창문으로 당신은 보게 되겠지 / 사랑하는 이는, 사랑하는 이는, 진정 사랑하는 이는 / 자신의 삶을 꽃으로 화했네. (이하 생략)

이 시는 한국에서 트로트풍으로 편곡되고 개사해 심수봉이 부른 러시아 가요 「백만 송이 장미」의 원래 가사다. 어머니가 조지아인이었던 러시아 시인 안드레이 보즈네센스키가 가사를 쓰고 국민가수 알라 푸가초바가 불러서 지금까지도 인기를 끌고 있는 「백만 송이 장미」는 가슴 아픈 사연을 담았다. 보즈네센스키는 러시아 작가 콘스탄틴 파우스톱스

안드레이 보즈네센스키.　　　　　니코 피로스마니
　　　　　　　　　　　　　　　　(자료: 위키미디어). ⓒ Kremlin.ru

키(1892~1968)의 단편 「코르히다」(1934)에서 소재를 얻어 시를 썼는데, 파우스톱스키는 조지아의 원시주의풍 화가 니코 피로스마니(1862~1918)의 실제 사연을 소재로 「코르히다」를 썼다. 피로스마니는 독학으로 그림을 공부했고 무명으로 젊은 시절을 보내다가 결국 가난과 질병 속에서 죽음을 맞이한 비운의 화가였다. 그는 마르가리타라는 여배우를 사랑했고 자신의 모든 것을 팔아 그녀에게 백만 송이 장미를 선물했다. 하지만 여배우가 자신의 아파트 앞에 꽃 바다를 이룬 백만 송이 장미를 누가 선물했는지도 모른 채 밤 기차를 타고 순회공연을 떠나면서 두 사람은 이후에도 평생 만나지 못한 것으로 알려져 있다.

　　이렇듯 피로스마니가 보여준 열정적이고 하나밖에 모르는 순결한 사랑이자 비극적 사랑은 조지아인이 걸어온 역사와 삶을 압축적으로 대변

한다. 그래서 열정적인 붉은 장미는 조지아인의 열정과 역사의 질곡을 떠올리게 하는지도 모를 일이다.


점토 항아리에서 빚은 와인


2003년 장미혁명 때부터 마르그벨라슈빌리의 친러시아 정부가 들어서기 전까지 10년 가까운 세월 동안 조지아와 러시아의 관계는 썩 좋은 편이 아니었다. 당연한 귀결로 러시아는 조지아에 압력을 가했는데, 그 방법은 물품 금수 조치였다. 조지아산産 물품들을 러시아에 들여올 수 없게 만든 것이다. 재미있는 사실은 금수 품목에 포도주 와인이 포함되어 있다는 점이다. 이는 조지아의 경제에서 와인이 차지하는 위상을 가늠하게 한다.

'김치' 하면 우리나라이듯이, '와인' 하면 조지아다. 성경에는 노아가 포도나무를 심고 포도주를 마셨다는 구절이 있는데(『창세기』 9장 20~21절), 이는 기원전 6000년 전 수메르 문명의 점토판에 기록되어 있는 내용이기도 하다. 이를 근거로 말하자면, 와인의 역사는 기원전 6000년경부터 시작되었다. 그런데 노아가 포도나무를 심은 지역이 아라라트 산 근처이며, 아라라트 산은 흑해와 카스피 해 사이 소아시아 지역에 있는 것으로 알려져 있다. 이는 조지아의 지정학적 위치와 일치한다. 조지아인은 자신들의 거주지를 포도나무의 원산지로 꼽는데, 나름대로 근거가 있는 셈이다.

더욱이 조지아는 역사적 유물을 통해 자신들이 와인의 종주국임을

조지아의 청동기 문명을 담은 우표. 바니 시(市) 고고학 발굴 당시 발견된 7세기 청동상의 모습을 담았다.

주장한다. 2007년에는 조지아의 청동기 문명을 담은 우표가 나왔다. 우표는 역사적 발견을 담고 있는데, 이 그림에서 먼저 눈에 들어오는 것이 포도주를 담았던 항아리이고, 다른 하나는 오른손에 잔을 들고 있는 청동 인물상이다. 이 인물상의 명칭은 '타마다 상像'인데, 타마다란 축제와 잔치의 주관자로 좁은 의미로는 결혼 예식의 주례를 뜻한다. 타마다는 보통 축제 조직자나 잔치 참석자가 선출한다. 타마다는 공연 순서나 참석한 손님들의 인사말 순서를 정하는 임무를 수행한다. 축제가 원활하게 진행되도록 질서를 잡는 사람인 셈이다. 그런데 타마다가 하는 역할 중 눈여겨볼 것은 바로 건배를 제안하는 것이다. 와인이 담긴 잔을 높이 들어서 예식과 축제에 윤활유를 부어 넣는다. 이런 타마다의 모습이 청동으로 주조되었다는 것은 조지아에서 와인의 역사가 얼마나 오래되었는지를 보여준다.

그리고 조지아는 자체 포도나무 종을 갖고 있을 뿐만 아니라 장구한 역사의 독창적인 포도주 제조법도 보유하고 있다. 조지아 전통 와인 제조의 핵심은 점토 항아리 숙성 기술에 있다. 이는 와인의 본 고장 카헤티 지방에서 천 년 이상 내려온 전통 기술인데 이 방법으로 제조한 와인은 향이 짙고 빛깔이 매우 곱다고 알려졌다. 러시아 근대 문학의 아버지 푸시킨은 점토 항아리 숙성 비법으로 빚은 조지아의 와인이 프랑스 와인보다 뛰어나다고 극찬하기도 했다.

## 엄마의 빵 '데다스 푸리'

조지아의 빵은 '푸리puri'라고 부른다. 조지아의 거리를 걷다 보면 '토네'라고 하는 전통 화덕에서 따끈따끈한 빵을 구워 파는 자그마한 빵집들을 쉽게 볼 수 있다. 조지아의 전통 빵은 모양에 따라 세 종류로 나뉜다. 사람 눈 모양으로 길쭉한 형태를 띠고 중간이나 한 쪽에 구멍이 난 빵은 '쇼티shoti', 중간에 구멍이 있는 타원형의 빵은 '데다스 푸리dedas puri', 둥근 모양의 빵은 '라바시lavashi'라고 부른다.

러시아의 인터넷 사이트 '러시안 세븐(http://russian7.ru)'에서 안드레이 프로코피예프는 '데다스 푸리'를 에티오피아의 은제라(가장 희귀한 빵), 쿠바의 바게트(가장 배부른 빵), 중국의 만두(가장 이상한 빵), 멕시코의 곤충 빵(가장 야만적인 빵), 우크라이나의 카라바이(가장 낭만적인 빵),

이탈리아의 치아바타(가장 젊은 빵)와 함께 세계 7대 빵으로 선정했다. 이 사이트는 '엄마의 빵'으로 번역되는 데다스 푸리를 '가장 착한 빵'으로 정의했다.

조지아인에게도, 그 빵을 처음 맛보는 타지인에게도, 데다스 푸리는 가난한 집 엄마가 자식들의 주린 배를 달래주기 위해 새벽부터 일어나 구운 소박하지만 따스한 아침 식사를 떠오르게 한다. 또 타향의 조지아인에게 고향 조지아 하면 가장 먼저 생각나는 '엄마표 빵'이기도 하다.

## 조지아의 전통 의상

조지아 남성의 전통 의상은 면이나 실크로 만든 셔츠 '페란기perangi', '초하chokha'나 '아할로히akhalokhi'라고 부르는 겉옷 등의 상의와 '세이디시sheidishi'라는 바지, 넓은 승마 바지 '샤르발리 sharbali' 등의 하의로 구성된다. 남성의 윗옷은 깃과 단추가 없는 것이 특징이며 허리띠를 하고 거기에 다양한 종류의 단검을 찼다. 가슴 부위에는 탄약대를 매달았으며 머리에는 '파파하papakha'(윗면이 평평하고 높은 양털 모자)나 다른 여러 종류의 모자를 썼다.

조지아 여성들은 전통적으로 가슴에 수를 놓은 긴 드레스 '카르툴리cartuli'를 입고, 그 위에 공단이나 화려한 옷감으로 만든 겉옷인 '카티비katibi'를 입었다. 허리에는 허리띠를 하고 다양한 머리 장식을 했다. 또 주로 딱딱한 소재에 비단이나 값비싼 옷감을 씌운 '치흐타chikhta'라는 테, 비단이나 얇은 솜으로 된 '코피kopi', 삼각형의 하얀색 베일 '레차키lechaki'

나 자수를 놓은 스카프 '바그다디bagdadi'로 된 머리 장식을 했다.

조지아의 전통 가옥

조지아에는 다양한 형태의 전통 가옥이 있지만, 특징적인 것은 모든 집에 '케라kera'라고 부르는 열린 아궁이가 있다는 것이다. 케라는 아궁이로서의 기능뿐만 아니라 조상숭배와도 관계가 있으며 가족 전체의 화합도 상징한다. 과거에는 아궁이 옆에서 결혼 예식도 진행했으며 적들과

오늘날 조지아인이 사는 일반 가옥. ⓒ 권영아

화해하기도 했다. 아궁이 외에도 조지아의 전통 가옥에는 '부하리'라는 벽난로와 빵을 굽는 '구멜리gumeli', '푸르네purne', '토네rone'라는 화덕도 폭넓게 사용되었다.

조지아인은 새 집을 지을 때 모든 친척이 도와주었고, 어떤 경우에는 마을 전체가 도와주기도 했다. 부정 타는 것을 막기 위해 집을 건축하기 전에 집터에 모닥불을 피우고 집 지을 곳에 황소를 풀어놓았는데, 황소가 돌아다니다 눕는 그곳에 주춧돌을 놓는 풍습이 있다. 황소가 가장 좋은 곳을 고른다고 여겼기 때문이다.


## 조지아의 전통과 미래


레닌이 만든 소비에트 국가를 세계 초강대국으로 끌어올린 스탈린, 그리고 스탈린이 만든 소련을 붕괴의 구렁텅이로 밀어 넣은 핵심 인물 중 하나인 셰바르드나제, 이 두 인물이 모두 조지아(러시아명 그루지야) 출신이라는 사실은 참으로 역설적이다. 조지아의 현대사에서 빼놓을 수 없는 스탈린과 셰바르드나제, 두 사람의 상반된 역할만큼이나 조지아의 미래도 기대해봄 직하다.

그러나 조지아인의 현재 모습이 인류의 시작과 맞닿아 있는 전통과 과거의 놀라운 기술력을 능동적으로 발현해나가기는 험난해 보인다. 문명과 문명이 충돌하는 지정학적 위치상 조지아는 늘 외부의 간섭에 노출되어 있다. 엄구호 교수가 『유라시아 지역의 국가·민족정체성』(2010)에서 지적한 것처럼 러시아가 터키의 영향력 확대 저지, 에너지 기득권 유지, 북캅카스 간접 견제라는 중요한 이슈를 위해 조지아에 군대를 주둔시키고 있기 때문이다. 이슬람 문명과 유럽 국가들도 그리스 정교를 앞세운 러시아의 남하 정책을 저지하기 위해 조지아를 끊임없이 감시하고 견제할 것이다.

그럼에도 러시아 음유시인 불라트 오쿠자바(아버지가 조지아인)의 자유로운 영혼처럼 조지아의 완전 독립과 와인처럼 아름다운 향취를 기대해본다.

# 기독교를 최초로 받아들인 캅카스의 유대인

# 아르메니아인

김혜진

| ◆ 인구 | 아르메니아: 2,890,176명 |
|---|---|
| | (2015년 1월 아르메니아 정부 조사 결과. 아르메니아 총인구의 96퍼센트) |
| ◆ 해외 거주 | 약 900만 명 |
| | [러시아: 1,182,388명(2010년 러시아 인구조사), 미국: 약 100만 명(미국 아르메니아인 위원회), 프랑스: 약 80만 명 등] |
| ◆ 위치 | 북쪽으로는 조지아, 동쪽으로는 아제르바이잔, 남쪽으로는 이란, 서쪽으로는 터키와 면하고 있음 |
| ◆ 민족 구분 | 인도유럽 |
| ◆ 언어 | 아르메니아어, 러시아어 |
| ◆ 문화적 특징 | · 아르메니아 사도교회를 중심으로 한 정교 문화 |
| | · 가족 및 마을 공동체 중심의 전통문화 |

광고 때문인지 우리나라에서는 캅카스Kавказ 또는 코카서스Caucasus 하면 요구르트와 같은 유제품이나 장수 마을을 떠올리는 사람이 많을지도 모른다. 그리스 로마 신화를 잘 아는 사람이라면 프로메테우스가 불을 훔쳐 인간에게 준 죄로 독수리에게 간을 쪼이는 벌을 받은 곳으로 기

억할 수도 있다.

러시아와 중동을 잇는 다리 역할을 하는 캅카스는 캅카스 산맥을 두고 남과 북으로 나뉜다. 북쪽에는 러시아연방 국민인 체첸인, 인구시인, 발카르인 등이 살고 있고, 남쪽에는 조지아인, 아르메니아인, 아제르바이잔인이 독립국가를 이루며 살고 있다. 그중 아르메니아인은 조지아와 아제르바이잔 사이, 바다로 나가는 출구가 없는 작은 영토를 차지하고 있다.

그저 작은 나라의 국민에 불과할지 모르지만, 아르메니아인은 고대 문명을 영유했던 민족이다. 세계 전역에 퍼져 있는 900만 명의 아르메니아인 중에는 현지에서 이름을 날린 기업가와 정치가, 뛰어난 학자와 예술가, 재능 있는 운동선수 등을 쉽게 찾아볼 수 있다. 그랜드 슬램을 달성하고 올림픽에서도 승리해 커리어 골든 슬램을 달성한 테니스 선수 안드레 아가시(본래 성은 아가샨), 떠들썩한 사생활과 파파라치 컷으로 유명한 킴 카다시안은 한국에도 잘 알려졌다.


## 고대 문명을 꽃피웠던 아르메니아인

아르메니아는 성경에도 언급되었을 만큼 오래된 나라 중 하나다. 이는 '노아의 방주'와 관련이 있는데, 노아가 대홍수를 피한 곳이 바로 아르메니아의 아라라트 산이다. 백두산이 한민족을 상징하듯이, 아라라트 산은 비록 현재는 터키 영토에 속해 있지만, 여전히 아르메니아 민족에게 영산靈山의 의미가 있다.

비록 현재는 터키 영토에 속해 있지만, 여전히 아르메니아 민족의 영산(靈山)으로서 의미를
지닌 아라라트 산.

　　기원전 8~기원전 9세기 오늘날 터키 북동부와 아르메니아, 이라크
북부를 아우르는 곳(오늘날 아르메니아 고원)에 '우라르투'라는 고대 왕국
이 있었다. 기원전 6세기 이곳에 살던 사람 중 고대 아르메니아어를 구
사하던 무시키Mushki라는 종족을 중심으로 아르메니아 민족이 형성되
었다.

　　학자들은 '아르메니아'라는 이름의 유래에 대해서 여러 고대 사료들
을 바탕으로 몇 가지 주장을 내놓고 있다. 일부 학자들은 시리아 서북부
에 있던 고대 도시인 에블라의 고대 사료에서 아르메니아인을 '아르만',
이들의 땅을 '아르만눔'이라 불렀던 것을 근거로 든다. 다른 학자들은 메
소포타미아 지역을 통일했던 페르시아 왕 다리오의 비문에서 티그라 강
(티그리스) 상류 지역의 멜리테네Melitene와 면하고 있는 지역을 '아르민'
들이 사는 '아르미니야'라고 기록했던 것을 근거로 제시하기도 한다. 고

마테나다란. 아르메니아 정부 부속 학술센터로, 세계에서 가장 오래된 필사본들이 보관되어 있다. ⓒ 권영아

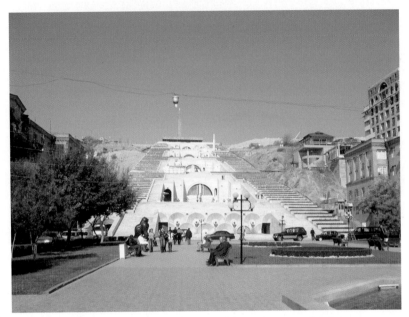

아르메니아의 수도 예레반(Yerevan)에 있는 캐스케이드(Cascade). ⓒ 권영아

대 히타이트 설형문자 사료의 '아르마타나'라는 기록에 바탕을 둔 주장
도 있다.

아르메니아 왕국은 기원전 80년에서 기원전 70년 티그란 2세 시기
캅카스에서 팔레스타인까지, 그리고 카파도키아(터키 중부)에서 파르티
아(고대 이란 왕국)까지 영토를 넓히며 중동에서 가장 힘이 센 나라가 되
었다. 고대 아르메니아인은 정치적인 측면과 아울러 문화적인 부분에서
도 월등한 면모를 보였다. 아르메니아인은 301년 세계 최초로 기독교를
국교로 받아들였으며, 405년에는 문자를 창조했을 만큼 일찍이 고대 문
명을 꽃피웠다.

## 외세에 끊임없이 시달린 굴곡진 역사

이처럼 일찍부터 뛰어난 문화를 누렸던 아르메니아인이었지만, 4세기 후반부터 외세의 침입에 시달렸다. 4세기 후반 사산조 페르시아와 로마 간의 강화조약으로 아르메니아는 분열되었으며, 7세기 중엽 아랍이 이 지역을 통치하게 되었다. 아랍이 지배하자 아르메니아인이 대거 비잔틴 제국으로 이주했으며, 이 중 많은 사람이 높은 관직과 성직자의 자리에 오르기도 했다. 바실리 1세, 이라클리 1세, 레프 5세 등 비잔틴 황제의 자리까지 오른 아르메니아인도 있었다.

9세기 중엽 잠시 독립하여 아르메니아 왕가가 부활한 적도 있었으나, 주변국들의 침입은 끊이지 않았다. 11세기 초중반에는 비잔틴 제국이 아르메니아를 지배했으며, 11세기 말에는 그전부터 침입을 해왔던 셀주크 튀르크가 지배하게 되었다. 이 때문에 아르메니아인의 이주가 다시 증가했고, 이들이 독립적인 공국을 건설하기도 했다. 12세기 말부터 13세기 초에는 아르메니아인이 조지아인(그루지야인)과 연합하여 셀주크 튀르크로부터 동아르메니아 영토를 회복하기도 했다.

그렇지만 이것도 잠시, 13세기에는 몽골의 지배를, 15세기에는 오스만 튀르크와 티무르 제국의 지배를 받았다. 16세기부터 19세기 초까지 약 3세기 동안 아르메니아 영토를 사이에 둔 튀르크와 페르시아의 싸움이 계속되면서 이들의 아르메니아인 지배도 지속했다.

19세기 초에는 아르메니아 동부가 러시아에 편입되었다. 1801년 로리 지역을 시작으로, 1805년에는 카라바흐, 잔게주르, 시라크가, 1828년에는 페르시아와 러시아의 조약으로 나히체반과 예레반(당시 이름 에리

반) 지역까지 아르메니아 동부는 러시아 땅이 되었다. 러시아는 튀르크가 지배했던 아르메니아 서부까지 세력을 확장했으나, 1829년 러시아-터키 전쟁 후 맺은 평화조약에 따라 서아르메니아는 다시 오스만 튀르크의 소유가 되었다.

긴 세월 지속된 식민지 지배에도 아르메니아인의 독립운동은 계속되었으며, 급진적인 성향의 젊은 혁명가들이 아르메나칸, 근차, 다시나크 추튠 등 단체를 조직하며 활동을 이어갔다. 하지만 이러한 노력은 별다른 결실을 보지 못했고, 19세기 말부터 20세기 초 식민지 지배하의 아르메니아인은 더욱 힘든 시기를 겪어야 했다. 러시아의 반反아르메니아인 정책 때문에 고위 관직에 있던 아르메니아인들이 해고되었으며, 아르메니아 학교가 폐쇄되었을 뿐만 아니라 아르메니아 역사와 지리 과목은 정식 교과목에서 제외되었다. 아르메니아 교회의 재산 역시 몰수되었다. 서아르메니아에서는 더 비극적인 사건이 일어났다. 20세기 초 젊은 튀르크들이 정권을 잡으면서 국수주의가 강화되었고 아르메니아인 학살이 일어났다.

러시아에서 일어난 사회주의 혁명으로 제정러시아가 무너지면서 러시아의 지배를 받았던 동부 아르메니아가 독립을 선언했다. 그러나 1920년 소비에트 정권이 들어서면서 다시 소연방의 일원이 되었다. 1991년 소련이 붕괴한 뒤에야 아르메니아는 독립국을 이루게 되었지만 여전히 아르메니아 서부는 터키 영토로 남아 있다.

## 히틀러가 저지른 유대인 학살의 모델이 된 아르메니아인 학살

외세의 계속된 침입은 많은 아르메니아인의 죽음과 이주를 낳았지만, 가장 치명적인 결과를 낳은 것은 1915년 터키가 저지른 아르메니아인 대학살Genocide이다.

페르시아가 통치하던 동부 아르메니아는 1828년 제정러시아가 지배하게 되었다. 러시아는 슬라브 민족주의를 내세워 발칸 반도와 흑해로 진출하는 계획이 있었기 때문에 튀르크와의 충돌은 불가피했다. 한편 오스만 튀르크 통치 아래에 있던 서부 아르메니아에서는 튀르크 정부의 튀르크화 정책과 이슬람 개종 강요에 맞서 아르메니아 민족주의 운동이 일어나고 있었으며, 러시아는 오스만 제국의 분열을 유도하고자 이를 지원하게 된다. 이에 대해 튀르크 정부는 아르메니아인에 대한 억압정책으로 맞대응했으며 1895년 이곳의 주민과 아르메니아인 간에 대규모 충돌이 일어난다.

그 후 제1차 세계대전 당시 연합군이었던 러시아는 캅카스 지역으로 병력을 이동했고 독일 측에 가담했던 튀르크는 러시아의 침입에 대응했다. 튀르크 정부에 대해 반감을 품고 있던 아르메니아인이 러시아와 연합할 가능성이 컸기 때문에 튀르크 정부는 이들에 대한 경계를 늦추지 않았다. 전쟁 중 젊은 튀르크들은 외국인의 치외법권을 폐지하고 반오스만 봉기를 주도하는 아랍 민족주의자들을 처형했으며 아르메니아인을 억압했다. 1915년 4월 튀르크 군은 튀르크 내 아르메니아인 지도자와 지식인 총 325명을 연행, 처형했으며, 나머지 성인 남자들을 군대로 소집하거나 건설 현장에 투입했다. 그곳에서 이들에 대한 집단 학살이 이루

아르메니아인 제노사이드 100년 상징(자료: http://armeniangenocide100.org/en).

어졌으며, 부녀자, 노인, 어린이 60여만 명이 시리아와 메소포타미아 사막으로 추방되었다. 대학살과 추방 등으로 수만 명의 아르메니아인이 세계 각지로 피신했다.

아르메니아 측은 당시 쫓겨난 이들의 대부분이 사막에서 굶어 죽어 시리아에 도착했을 때 생존자는 35명뿐이었으며, 이로써 당시 터키 영토에 살던 약 300만 명의 아르메니아인 중 150만 명에서 200만 명이 사망했기 때문에 이는 '인종 대청소'였다는 주장을 하고 있다. 더불어 터키 정부가 학살된 아르메니아인의 수를 30만 명으로 축소하는 등 역사 왜곡을 하고 있다고 비난했다.

훗날 히틀러는 자신의 저서 『나의 투쟁Mein Kampf』에서 "오늘날 누가 아르메니아인 대학살을 기억하는가?"라며, 이를 보고 나치의 유대인 학살을 계획했다고 한다.

## 캅카스의 유대인

아르메니아인은 예로부터 이웃 민족들에게 상인으로서 뛰어난 기질을 인정받았다. 이들은 일찍부터 교역을 목적으로 이곳저곳을 떠돌며 경제적인 부를 쌓았다. 외세의 침입과 대학살이 일어나자 더 많은 아르메니아인이 모국을 떠나 세계 곳곳에 새로운 둥지를 틀었다. 아르메니아 본토에 사는 아르메니아인은 약 300만 명인데 반해 해외에 거주하는 아르메니아인 수는 800만 명에서 900만 명에 이른다. 아르메니아 인구보다 세 배 정도 많은 수가 모국 밖에서 사는 셈이다. 오늘날 모국이 아닌 다른 나라에 사는 사람을 만나는 것은 어려운 일이 아니지만, 아르메니아인처럼 모국의 인구수보다 더 많은 인구가 해외에 거주하는 일은 흔하지 않다.

모국을 떠난 아르메니아인들은 새로운 곳에 빠르게 적응하여 안정적으로 정착하며, 일부는 큰 성공을 누리기도 한다. 이들은 상술에 능하고 현지 적응력이 뛰어나며 교육 수준이 높고 거주국에서 이른 시기에 성공하는 것으로 알려져 있다. 그러나 이러한 모습으로 인해 때때로 현지 사회에서 호감을 얻지 못하거나 좋지 않은 평판을 받기도 한다. 또 오랜 유랑에도 불구하고 민족문화와 전통을 보존하고 있으며 여기에는 종교가 중요한 역할을 한다는 점에서 아르메니아인은 유대인과 비슷하다.

거주국에서 성공적으로 자리를 잡고 거주국 문화와 동화하는 수준도 높은 편이지만, 이들은 모국에 대한 애착이 남다르고 동포 간의 결속력도 강하다. 이는 곧 모국에 대한 원조로 이어진다. 미국 의회에 친아르메니아파가 형성되어 있을 정도로 미국에 사는 아르메니아인들은 적극적

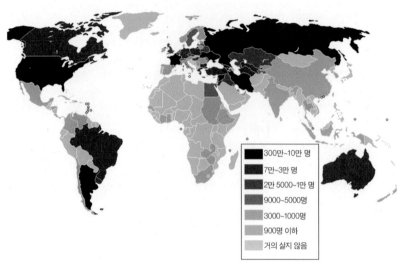

| 300만~10만 명 |
| 7만~3만 명 |
| 2만 5000~1만 명 |
| 9000~5000명 |
| 3000~1000명 |
| 900명 이하 |
| 거의 살지 않음 |

전 세계 아르메니아인 분포도(자료: 위키미디어). ⓒHugo13fr

인 로비 활동을 펼쳐왔다. 이들은 미국 정부가 아르메니아에 관심을 기울이고 경제적 원조도 계속해서 제공하도록 영향력을 발휘하고 있다.

개인이 모국에 있는 가족과 친척에게 보내는 해외 송금, 아르메니아 출신 백만장자들의 아낌없는 기부와 대규모 투자, '아르메니아 펀드'와 같은 거대한 단체의 경제 지원이 아르메니아에 계속되고 있다. 이러한 지원은 1988년에 일어난 대지진과 같은 국가 위기를 극복하는 일뿐만 아니라 모국의 경제 발전에도 큰 힘이 되고 있다.

## 아르메니아인의 정신적 지주, 아르메니아 사도교회

아르메니아인의 종교는 아르메니아 정교다. 301년 대大아르메니아 왕국의 트르다트 3세는 기독교를 공식적인 국가 종교로 받아들였다. 가장 먼저 기독교를 국교로 받아들인 나라였던 만큼 아르메니아 곳곳에는 고대 교회의 모습을 찾아볼 수 있다. 405년 아르메니아 문자가 만들어진 배경에도 아르메니아 교회가 있었다. 그리스어와 시리아어로 된 성경을 아르메니아어로 번역하기 위해 문자를 만들었기 때문이다.

아르메니아 정교는 같은 동방정교인 러시아 정교나 그리스 정교와는 조금 다르다. 506년 아르메니아 정교는 비잔틴 정교의 교리에서 완전히 분리되었다. 아르메니아 정교는 그리스도의 육화肉化 이전에 신성神性과 인성人性이 하나로 있으며 육화 후에는 인성이 신성에 흡수된다고 보는 그리스도 단성론을 인정한다. 아르메니아 정교회는 아르메니아 사도교회Armenian Apostolic Church라고도 한다. 사도교회라는 이름은 복음서와 사도행전에 나오는 열두 명의 사도가 아르메니아에 기독교를 전파했다는 이야기에서 유래되었다.

아르메니아 정교는 오랜 세월 모국 밖에 있는 900만 아르메니아인의 정신적인 지주가 되었으며, 민족문화를 전수하고 민족성을 유지하는 역할을 했다. 전 세계에 사는 아르메니아인 대부분이 아르메니아 정교를 믿고 있다. 하지만 터키에는 이슬람의 영향으로 수니파 이슬람교도가 된 아르메니아인도 있다. 이들을 헴실Hemshils이라고 하며 아르메니아인과는 별개의 민족으로 보기도 한다.

1694년에 세워진 예레반의 수르프 조라보르 아스트라차친 교회(Surp Zoravor Astratsatsin Church). ⓒ 권영아

칸카스에서 가장 오랜 역사를 가진 아르메니아 음식

아르메니아는 아라라트 산에서 나오는 광천수, 뜨거운 햇볕을 받고 자란 맛있는 포도와 살구로 유명하다. 이러한 환경은 아르메니아 음식이 발전하는 데 많은 영향을 미쳤다. 아르메니아인은 포도로 술을 만들었을 뿐만 아니라, 화덕에 불을 피울 때도 잘 마른 포도나무 줄기와 가지를 이용했다. 아르메니아에서는 포도와 함께 오래전부터 살구를 재배했으며 생산량도 많다. 소련 붕괴 이후 여러 신생 독립국가에서 장미혁명(조지아), 오렌지혁명(우크라이나), 레몬혁명(키르기스스탄) 등 정권 교체를 향

고기 수프 하시.

얇고 넓적한 빵 라바시.

한 민주주의 혁명이 일어났을 때, 2007년 아르메니아에서 일어난 혁명은 살구혁명이라고 불렸다. 아르메니아에서 개최하는 영화제 역시 '황금 살구'라는 이름이 붙어 있다. 실제로 아르메니아 음식 중에는 살구를 활용한 수프와 요리가 적지 않다.

아르메니아 음식 문화는 캅카스 지역에서도 역사가 가장 오래 되었다. 아르메니아 음식은 아르메니아 민족이 형성되던 시기와 역사를 같이 한다고 할 수 있다. 가장 오래된 음식 중 하나이면서 캅카스 전역에 확산된 음식으로는 고기 수프 하시Խաշ를 들 수 있다. 하시라는 이름은 아르메니아어로 '끓이다'라는 단어인 하셀에서 나왔다. 옛날에는 하쇼우, 하쇼이라고 불리기도 했으나 17세기 이후부터 하시라는 이름으로 정착되었다. 이 음식은 점차 조지아(그루지야)와 터키로 퍼져 나갔다. 하시는 소의 다리 부분과 위(특히 위의 첫 부분), 마늘을 넣고 끓인 수프인데 위 대신 머리 고기를 넣고 끓이기도 한다.

흙으로 만든 각종 식기는 아르메니아인의 음식 문화에서 빼놓을 수 없다. 흥미로운 것은 음식 이름이 그 음식의 주재료가 아니라 그 음식을

물을 담아 나르고 보관하던 항아리. 아르메니아인뿐 아니라 캅카스의 다른 민족에게서도 볼 수 있다. ⓒ 김혜진

아르메니아인은 이러한 항아리 안에서 전통 빵을 구웠다. ⓒ 김혜진

담는 식기에서 유래했다는 것이다. 예를 들면 푸투크, 크추츠, 타파크는 점토로 만든 식기 이름이면서 동시에 음식 이름이기도 하다. 푸투크는 작은 항아리 모양의 그릇으로, 거기에 양고기 가슴살과 콩 등을 넣어 끓인 수프도 푸투크라고 한다. 크추츠 역시 단지와 비슷한 그릇이면서 동시에 양고기의 기름이 많은 부위와 크게 썬 양파, 토마토, 감자, 콩, 고추 등을 넣고 끓인 수프를 말한다. 생선으로 만든 크추츠도 있다.

흙으로 구워낸 식기와 함께 아르메니아 식문화에서 중요한 것은 화덕이다. 흙으로 만든 아르메니아 화덕은 '토니르'라고 한다. 아르메니아 식단에서 매우 중요한 라바시를 바로 이 화덕에서 굽는다. 라바시는 기름 없이 간을 하지 않은 밀가루에 물을 넣고 반죽을 만들어 뜨거운 화덕 벽에 붙여 굽는 얇고 넓적한 빵이다. 아르메니아인은 토니르에서 라바시 외에도 죽과 수프를 끓이고 생선이나 닭과 같은 가금류를 훈제하고, 각종 채소를 구웠다. 이처럼 다방면으로 쓰인 토니르는 캅카스 전역으로 퍼져 이곳에 사는 민족의 식생활에서 중요한 부분을 차지했다.

호로바츠(자료: 위키피디아). ⓒavlxyz

아르메니아인은 오래전부터 고원에서 목축을 했기 때문에 식단에서 육류가 차지하는 비중이 상당히 높다. 아르메니아인은 주로 양고기와 쇠고기를 넣은 갖가지 수프를 비롯하여 호로바츠, 이키-비르와 같은 꼬치구이, 완자와 비슷한 큐프타, 쇠고기를 볕에 말린 바스투르마 등을 만들어 먹었다. 이들은 가축에서 얻은 우유를 흙으로 만든 긴 항아리나 가죽 주머니에 담아

바스투르마.

발효시켜 여러 가지 유제품을 만들어 즐겼다. 가장 인기가 많은 유제품으로는 마춘을 들 수 있다. 마춘은 우유를 발효하여 걸쭉하게 만든 것으로 아르메니아인이 아주 오래전부터 마신 음료다. 마춘과 곡물을 넣어 수프를 만들기도 하고, 여름에는 마춘에 차가운 물을 넣어 만든 '탄'이라

톨마(자료: 위키미디어). ⓒArtaxiad

는 음료를 마시기도 한다.

아르메니아 전통 음식의 특징 중 하나는 고추, 박하, 바질, 마늘, 사프란, 계피, 후추, 생강, 정향풀, 오레가노 등 다양한 향신료와 허브를 쓴다는 것이다. 또 다른 특징은 고기 기름 대신 오래 끓인 버터를 요리하는 데 사용했다는 것이다. 이 버터는 주로 마춘으로 만들기 때문에 시큼한 맛이 난다. 식물성 기름은 생선 요리나 일부 채소 요리에만 사용되는데 대표적인 식물성 기름으로는 참기름을 들 수 있다.

외세의 지배를 받으면서도 아르메니아의 음식 문화는 오히려 지배 민족에게 영향을 미쳤다. 아르메니아 전통 음식은 페르시아나 튀르크에 의해 뒤늦게 유럽에 전파되었다. 튀르크 음식으로 알려진 톨마(또는 돌마) 같은 경우 아르메니아의 오래된 전통 음식이라고 할 수 있다. 여기서 '톨'은 아르메니아어로 포도나무 잎이나 가지를 의미한다. 톨마는 잘게 썬 양고기 또는 쇠고기에 쌀, 후추, 소금, 허브를 넣어 포도나무 잎으로 감싼 후 쪄낸 음식이다.

아르메니아인이 마시는 술로는 포도주와 더불어 아라라트 분지의 질 좋은 포도로 만든 코냑을 들 수 있다. 제2차 세계대전 막바지에 흑해 연안의 얄타에서 연합국 정상들이 모였을 때 영국의 처칠 총리가 아르메니아 코냑을 맛보고 감탄하자, 스탈린이 1년 내내 마시라며 아르메니아 코냑 365병을 선물한 것은 유명한 일화다. 세계적으로 인정받은 아르메니아 코냑으로는 '아라라트', '그레이트 벨리', '마네', '아르메니카'가 있다. 아르메니아인이 즐기는 술로는 코냑과 포도주 외에도 뽕잎으로 만든 보드카 '아르차흐'가 있다.

아르메니아 코냑 '아라라트'. ⓒ 김혜진

## 양탄자와 여러 개의 궤로 장식한 전통 가옥

아르메니아 전통 가옥은 돌과 흙, 나무를 다양하게 사용하여 만들었다. 벽 부분은 돌로 되어 있고, 지붕은 나무 기둥 위에 흙으로 덮은 형태다. 집 내부에는 점토와 돌을 이용해 만든 화덕이나 벽난로가 있다. 아르메니아 전통 가옥에서 많이 볼 수 있는 것은 여러 개의 궤짝과 점토나 동으로 만든 식기를 두는 선반이다. 또 하나 독특한 것은 각종 곡물과 가루 등을 보관하는 이동형 창고다. 나무 상자와 유사한 형태지만 아래에 다리가 달려 이동이 용이하다.

아르메니아인은 집 내벽에 우묵 들어간 곳을 만들어 작은 문을 달아 벽장처럼 사용했으며, 큰 나무로 등받이 없는 소파를 만들어 벽을 따라 배치해 침상으로 썼다. 아르메니아 집에서 흔히 볼 수 있는 것 중의 하나는 양탄자인데 양탄자를 벽에 걸거나 바닥에 넓게 깔아 집 내부를 장식

19세기 아르메니아 도시 가옥의 내부 모습. ⓒ 김혜진

한다. 양탄자는 가옥을 꾸미는 인테리어 소품이자, 아르메니아인의 생활공간이라고 할 수 있다. 이들은 양탄자 위에서 식사하거나, 그위에 우리나라 밥상과 같은 낮은 테이블을 놓고 식사했다.

## 화려한 색상의 전통 의상

아르메니아 남성의 전통 의상은 실크나 면으로 만든 셔츠와 통이 넓은 바지로 구성된다. 러시아인과 같은 동슬라브인이 흰색 셔츠를 주로 입는 반면, 아르메니아 전통 상의는 여러 가지 색상의 직물로 만들며 낮은 깃이 달려 있고 옆구리 쪽으로 끈을 묶어 여미게 되어 있다. 바지는 어두운 색의 양모나 면으로 만들며, 발목 부분은 넓은 천으로 감싼다.

셔츠 위에 입는 옷은 동부와 서부가 조금씩 다르다. 동부 아르메니아인은 셔츠 위에 아르할루흐를 입는다. 아르할루흐는 폭이 넓으면서 길이가 길지 않은 외투로 이 위에 넓은 허리띠를 맨다. 부유한 사람들은 은장식이 많이 달린 허리띠를 착용하기도 한다. 반면 서부 아르메니아인은

아르메니아 도시 중산계층의 남성 의복
(자료: 위키미디어). ⓒ Old123

19세기 말 서부 아르메니아 남성 의상.
ⓒ 김혜진

아르할루흐보다 더 짧고 단추가 따로 없는 조끼나 재킷을 입는다.

겉옷으로는 아르할루흐 외에도 '추하' 또는 '초하'라고 하는 옷자락이 긴 외투가 있다. 외투의 모양은 꽤 다양하지만, 허리 모양이 잡혀 있고 허리 아래로는 플레어스커트처럼 넓게 퍼져 있는 것이 특징이다. 또 소매 부분은 좁은 편이며, 옷깃은 세워져 있거나 아예 없다. 겉옷은 대부분 어두운 색상이지만, 귀족층은 흰색 또는 밝은 회색 옷을 입기도 했다.

아르메니아 여성 의상은 남성 의상과 같지만, 세부적인 면에서 조금 차이가 있다. 셔츠는 목 부분이 조금 더 깊게 파여 있으며, 바지는 주름이 더 잡혀 있고 발목 부분에 달라붙는 형태다. 바지 대신 긴 치마를 입기도 하며, 여기에 수놓은 앞치마를 착용한다.

여성의 겉옷 역시 남성의 겉옷과 별다른 차이가 없다. 그렇지만 여성의 경우 소매 부분이 매우 길며 허리 부분을 남성처럼 허리띠를 사용하지 않고 긴 숄이나 스카프로 묶는다. 그리고 여성 외투의 가장자리에는 자수로 장식되어 있다.

남성 모자도 동부와 서부에 따라 조금 다르다. 동부에서는 모피로 만든 모자를 자주 쓰며, 서부에서는 펠트나 천으로 만든 모자를 쓴다. 아르메니아 여성은 머리를 길게 땋는데, 풍성하게 땋은 머리는 여성의 아름다움을 평가하는 중요한 기준 중 하나였다. 땋은 머리에 금실과 투명한 면사포로 장식한 모자를 쓰거나 테두리를 화려하게 장식한 긴 머릿수건을 쓴다.

전통 의상을 입은 아르메니아 여성.

아르메니아 전통 의상을 입고 춤추는 여성들(자료: 위키미디어). ⓒRaffi Kojian

## 전통 혼례: 신랑 신부 다음으로 중요한 대부와 대모

전통 혼례는 아르메니아인이 "일곱 번의 낮과 일곱 번의 밤을 즐긴다"라고 할 정도로 가정의례 중에서 가장 규모가 크면서 온 동네 사람이 함께 즐기는 축제다. 결혼식에서 가장 중요한 사람은 주인공인 신랑과 신부지만, 아르메니아 전통 혼례에서는 신랑과 신부만큼 중요한 역할을 하는 사람이 있는데 바로 후견인이다. 결혼식의 '증인'으로서 역할을 다해야 하는 이들은 신랑, 신부 주변 인물 중 가장 가까우면서 이들의 본보기가 될 정도로 존경받는 부부여야 한다.

대부와 대모로 선정된 부부는 결혼의 처음과 끝을 책임져야 하는 의무 외에도 할 일이 많다. 아르메니아 전통 혼례에는 새신랑과 신부에게 선물을 주는 시간이 별도로 있는데, 친인척과 손님들은 일반적으로 보석, 직물, 세간, 돈 등을 선물한다. 이때 후견인 부부는 가장 비싼 선물을 해야 한다.

아르메니아 전통 혼례에는 이른바 신부의 '몸값'을 지급하는 의식이 있다. 이러한 의식은 다른 많은 민족에게도 있지만, 아르메니아인의 경우 대부와 대모가 여기에 참여한다는 것이 특징이다. 후견인 부부도 신부 가족에게 주는 몸값 일부를 내야 한다. 그러나 이것은 상징적인 것으로 그 액수는 중요하지 않다.

아르메니아 전통 혼례가 진행되는 동안 가족은 신부에게 아기를 안아 보라고 시킨다. 이때 이 아이는 남자아이이여야 하는데, 이것은 신혼부부의 첫 아이가 아들이기를 바라는 의미가 담겨 있다.

아르메니아인은 전통적으로 자녀를 많이 두었다. 아이의 출산은 큰 행복이므로 모두가 모여 출산을 축하하는데, 아들인 경우 더 기뻐했다. 아이가 태어난 뒤 교회 축일이 되면, 아이가 태어난 집에서는 아이가 더 태어나라는 의미에서 초록색 잎이 달린 가지를 달아 장식했다. 아이가 태어난 후 40일 동안은 아주 가까운 사람 외에는 아이를 남에게 보여주지 않았다. 이것은 질병이나 부정한 기운이 아이에게 오는 것을 예방하기 위함이다.

## 고대 신앙이 녹아 있는 계절 축제

기독교를 정식 국교로 채택하기 전, 아르메니아인은 고대 그리스인처럼 다양한 신의 존재를 믿었다. 아르메니아인은 그들의 신을 모시는 신전을 만들어 숭배했다. 최고신이자 신들의 아버지는 아라마즈드이며, 그 뒤를 따라 전쟁의 신 바하근, 나라를 수호하는 여신인 아나이트가 있다. 태양신 미흐르(또는 미르타), 지혜와 문자의 신인 티르도 있는데, 시대에 따라 이 둘의 역할이 바뀌어 알려지기도 했다. 사랑의 여신인 나네와 아스트히크도 있다.

고대 아르메니아인은 여러 신뿐만 아니라 자연도 숭배했다. 자연숭배 사상은 전통 축제에 반영되었으며, 기독교 수용 후 기독교 축일과 통합되었다. 겨울의 막바지에 즐기는 축제는 '트른데즈'로 불을 숭상했던 고대 신앙에서 유래했다. 기독교가 들어온 후에는 교회 문 앞에 모닥불을 피워 젊은이들이 그 위를 뛰어넘는 의식을 치렀다. 불 위를 뛰어넘는 의식은 모든 나쁜 기운을 정화하는 의미가 있다. 트른데즈가 끝나면 서

젊은 아르메니아인들이 바르다바르를 즐기는 모습(자료: 위키미디어). ⓒ Камалян001

서히 봄이 시작된다고 생각했다.

봄이 왔음을 기뻐하는 축제는 '차흐카자르드' 또는 '차르자르다르'로, 아르메니아인은 부드러운 잎이 돋아난 버들가지를 꺾어 교회로 가져온다. 교회에서 정화의식을 끝내고 젊은이와 어린이는 버드나무 가지로 만든 화환을 쓴다.

8월 초에는 무더운 날씨로 가뭄에 시달리는 땅을 위로하는 물의 축제이자 기우제인 '바르다바르'를 즐긴다. 이날은 거리에 나온 사람들이 서로에게 물을 뿌린다.


## 좋은 일은 나누고 손님 대접은 성대하게

아르메니아인은 즐거운 일, 좋은 일은 다른 사람에게도 전해지기를 바란다. 좋은 일이 생긴 주인공은 자신의 손을 가까운 사람들과 친구들의 머리에 갖다 대고 "타로세 케스Tarose Kes, հասանում եմ քեզ"라고 말한다. 이 말은 "너에게 전한다"라는 뜻으로 자기가 누리고 있는 좋은 기운이 다른 사람에게도 전해질 것을 기원하는 의미가 담겨 있다.

좋은 기운도 나눠 갖는 아르메니아인은 과거부터 손님 접대를 중요

무용이 가미된 아르메니아 전통 무예 '야르후시타'(자료: 위키미디어). ⓒHablabar

시했다. 경사가 있으면 반드시 지인들을 불러 모아 대접한다. 만약 지인 들이 직장 동료라면 직장에서 그러한 자리를 마련한다. 아르메니아인은 어떤 이유든지 좋은 일로 지인들을 대접하면 그 복이 자기에게 다시 돌 아온다고 생각했다. 이렇게 좋은 날에는 참석한 모든 사람이 먹고 마셔 야 하는데, 만약 음식을 들지 않는다면 그 사람은 행복을 바라지 않는다 고 생각한다.

오래된 역사와 뛰어난 문화를 영유해온 아르메니아인은 오늘날 정치 적·경제적 어려움을 겪고 있다. 이웃 나라 아제르바이잔과의 영토 분쟁, 대학살 사건으로 폐쇄된 터키와의 국경은 이들의 경제 상황을 오랫동안 악화시키고 있다. 국내 상황도 그다지 희망적이지 않다. 소련 붕괴 이후 각종 시위가 이어졌으며, 2015년 6월에는 전기료 인상을 반대하는 시위가 오랫동안 이어졌다. 이 시위는 관료 부패, 러시아와의 경제 협력관계 등 복합적인 정치, 사회 문제와도 관련이 있어, 일부에서는 2007년 살구 혁명이 재개될 가능성도 내다보기도 했다. 대내외적으로 좋지 않은 상황에 놓인 아르메니아인이 쌓인 문제를 해결하고 과거 고대 문명국으로서 누렸던 영광을 다시 찾을 수 있기를 기대해본다.

성스러운 불의 수호자

# 아제르바이잔인

양민지

| ◆ 인구 | 이란 1200만 명, 아제르바이잔 887만 명, 조지아 320만 명, 터키 244만 명 등(2014년 『CIA 월드 팩트북』) |
|---|---|
| ◆ 위치 | 러시아와 이란 사이 카스피 해 연안 |
| ◆ 민족 구분 | 튀르크 |
| ◆ 언어 | 아제르바이잔어, 페르시아어, 러시아어, 터키어 |
| ◆ 문화적 특징 | 튀르크, 페르시아, 러시아 문화의 영향을 많이 받았으며 인접국인 아르메니아, 조지아와도 문화적으로 유사함 |

모국인 아제르바이잔보다 다른 나라에 더 많이 사는 아제르바이잔인

아제르바이잔인은 이란(1200만 명 이상)과 아제르바이잔(약 887만 명) 등지에 사는 튀르크계 민족이다. 아제르바이잔인은 아제르바이잔어를 주로 쓰며 페르시아어, 러시아어, 터키어, 아랍어 등을 쓰기도 한다.

아제르바이잔인은 이란에 제일 많이 살고 있는데, 이란 북서부 지방 (이란령인 동아제르바이잔 주와 서아제르바이잔 주)의 주민 대부분을 구성하

아제르바이잔 국기.

고 있다. 또 이란의 수도 테헤란 인구의 약 30퍼센트가 아제르바이잔인이다.

아제르바이잔은 아제르바이잔인이 두 번째로 많이 사는 나라다. 아제르바이잔에는 아제르바이잔인 이외에도 아르메니아인, 조지아인, 러시아인, 이란인, 튀르크인, 유대인, 쿠르드인, 타타르인을 비롯해 탈리시인, 아르바인, 샤으다으인, 레즈긴인, 우크라이나인, 타트인, 사쿠르인, 우디인 등 많은 소수민족이 살고 있다. 아제르바이잔인은 이란과 아제르바이잔 외에도 터키, 러시아, 조지아, 아르메니아, 중앙아시아, 미국, 프랑스, 이라크 등지에 살고 있다.

아제르바이잔은 아시아와 유럽을 잇는 길목에 있어서 예로부터 동양과 서양의 문화를 공유하고 있다. 또 지중해와 카스피 해 사이에 있으며 중국, 러시아, 시리아, 이란, 소아시아와 인접해 있다. 이 때문에 고대부터 교역과 문화 교류에 매력적인 장소로 다양한 민족의 이목을 끌었다.

처녀의 성 위에서 본 바쿠 시내. ⓒ 신진희

성스러운 불의 땅 아제르바이잔, 성스러운 불의 수호자 아제르바이잔인

'아제르바이잔인'이란 이름의 뜻과 그 기원에 관해서는 많은 주장이 존재하지만, 대표적으로 두 가지 정도로 압축된다. 먼저, '아제르바이잔' 이란 이름은 조로아스터교가 성행하던 시기 페르시아어로 불을 의미하는 아자르 Āzar와 수호자의 의미를 가지는 파예간 Pāyegān 이 결합한 말에서 파생되었다고 보는 주장이다. 아제르바이잔인은 이슬람이 전파되기 이전에 조로아스터교를 믿었으므로, 이들이 불과 관련된 이름을 얻었을 가능성은 매우 높다. 무슬림이 페르시아제국을 점령한 후 페르시아어가

메디아 지역의 태수였던 아트로파테. 아제르바이잔이란 이름의 기원으로 알려졌다
(자료: 위키피디아). ⓒ Kim Yushin

아랍어로 대체되기 시작하였고, 이에 따라 '아자르파예간'은 아랍어 음
가표기에 맞추어 '아제르바이잔'으로 불리기 시작했다. 즉, 아제르바이
잔인의 의미는 불의 수호자라는 말에서 기원했다고 보는 것이다.

다른 주장으로 '아제르바이잔'이란 이름은 다리우스 3세에서 알렉산
더 대왕 시절까지 메디아 지역의 통치자였던 페르시아인 아트로파테(그
리스어 표기 Ατροπάτης / 영어 표기 Atropates)와 그가 다스렸던 지역을 '아
트로파테네'라고 부르던 것에서 기원했다는 주장이다. '아트로파테'라는
이름은 옛 페르시아어의 그리스 음역인데, 당시 메디아 지역 사람들은
그가 다스리는 지역을 그의 이름을 따서 아트로파테네, 즉 성스러운 불
에 의한 보호(수호), 성스러운 불의 지역(땅)으로 불렀을 것으로 추측되

바쿠 근처의 야나르 다그. '불타는 산'이라는 의미로, 지하에서 새어 나오는 천연가스 때문에
불이 끊임없이 타오른다(자료: 위키미디어). ⓒ Frokor

고 있다. 이후 수 세기를 거쳐 아투르파타칸 Āturpātākān(신성한 불이 보존된
곳)에서 현재의 아제르바이잔(아제르바이잔어 표기 Azərbaycan, 영어표기
Azerbaijan)으로 변했다고 본다. 아제르바이잔이란 말은 현대 페르시아
어로 '불의 땅'이라는 뜻이다.

이처럼 아제르바이잔인이 지닌 의미와 그 기원은 '불'과 관련이 있다.
현재 아제르바이잔인이 사는 나라, 아제르바이잔은 오드라르 유르두
Odlar Yurdu, 즉 불의 땅이라고 한다. 이는 옛 아제르바이잔인의 기원과 전
통을 현대에도 그대로 계승하는 표현이다.

신앙적인 측면 이외에도 아제르바이잔인이 불과 관련된 뜻이라는 점
은 아제르바이잔의 천연자원과도 관련이 있다. 아제르바이잔의 수도 바

쿠 근처에는 야나르 다그Yanar Dağ, 즉 불타는 산이라고 불리는 곳이 있는데 지하에서 새어 나오는 천연가스 때문에 불이 끊임없이 타오르는 신기한 광경을 볼 수 있다. 곧 종교와 생활 전 영역에 걸쳐 '아제르바이잔인'이란 이름에는 불과 관련된 요소가 있는 것이다.


## 수 세기 동안 다양한 민족과 제국을 만난 아제르바이잔인


아제르바이잔인이 사는 곳은 수 세기 동안 페르시아인, 그리스인, 아랍인, 튀르크, 몽골, 러시아 등 많은 국가들의 패권이 교차하던 곳이었다. 예로부터 실크로드의 중요한 길목에 있던 아제르바이잔인과 이 지역에 살던 원주민은 실크로드를 통해 막대한 부와 이득을 얻으며 풍요롭게 살았다.

3세기 이후 사산왕조의 통치를 시작으로 7세기부터는 아랍인이 남캅카스 지역을 지배하며 아제르바이잔 지역에 이슬람을 전파했다. 11세기 이후 튀르크계 민족이 이동하여 이 지역은 점차 튀르크화 되었다. 따라서 현재의 아제르바이잔인은 서쪽으로 이주한 오우즈 튀르크족이 캅카스 원주민과 섞이며 형성되었다고 본다.

이어 이 지역은 13세기에는 몽골에, 14세기 말에는 티무르 제국의 일부가 되었다. 그러다 16세기 초 이란의 사파비 왕조의 영향권 아래 들어갔고, 그 후 오스만 튀르크 제국이 16세기 말부터 통치했으나 17세기에 이 지역에 대한 영향력을 잃게 되었다. 19세기에 이르러 아제르바이잔은 러시아와 페르시아 제국이 통치하는 지역으로 갈리는데, 제1차 이란-

아제르바이잔 전통 의상을 입은 학생들. ⓒ신진희

---

러시아 전쟁의 전후 처리를 위해 체결한 강화조약인 굴리스탄 조약(1813
년)과 투르크만차이 조약(1828년)에 따라 제정러시아가 아라스(아라크스)
강 북쪽의 통치권을 손에 넣었다. 이후 아제르바이잔인은 아라스 강을
경계로 북쪽의 러시아령과 남쪽의 이란령 두 쪽으로 갈라져 살게 되었
다. 따라서 지금의 이란 북부에 사는 아제르바이잔인과 아제르바이잔에
사는 아제르바이잔인은 같은 민족이라고 보는 견해가 지배적이다. 러시

아·오스만 제국·이란 제국의 오랜 전쟁 이후 북부 아제르바이잔(아제르바이잔)과 남부 아제르바이잔(이란 이슬람 공화국)은 현재 서로 다른 나라가 되었지만, 두 지역의 아제르바이잔인은 공통의 언어 및 문화를 공유하고 있다.

## 축복받은 땅을 물려받은 아제르바이잔인

아제르바이잔인의 나라, 아제르바이잔은 울창한 산림으로 둘러싸여 있다. 5000년 전에 쓰인 아시리아 연대기에는 아제르바이잔 지역을 풍요로움 그 자체라고 말하는데, 이 지역은 성경에서 말하는 에덴동산이 있던 곳으로 주장되는 곳 중 하나다.

캅카스 산맥을 흐르는 쿠라 강 지역은 밀과 야채를 경작하기 좋으며, 카스피 해를 따라 펼쳐진 아열대 기후의 랜캐란 저지대 부근에서는 시트러스 계열의 과일을 비롯하여 차와 쌀을 경작한다. 또한 캅카스 산맥은 많은 포도원과 과수원으로 둘러싸여 있다. 아제르바이잔은 목화로도 유명한데, 중앙아시아 지역에서 우즈베키스탄 다음으로 가장 많은 목화를 재배하고 있다. 튀르크족의 유목문화를 반영하듯 아제르바이잔에서는 축산업 또한 높은 비중을 차지하고 있다.

유연한 아제르바이잔인의 언어와 종교

Salam, Necəsiniz? 쌀람 네제씨니즈?

_ 안녕하세요, 잘 지내시지요?

아제르바이잔어는 튀르크계 언어로 튀르크멘어, 현대 터키어와 함께 오우즈 튀르크어 그룹에 속한다. 현재의 아제르바이잔어는 11세기 무렵 아제르바이잔 지역에 유입된 서 오우즈 튀르크 언어에서 파생되었다고 보며, 페르시아어의 영향을 많이 받았다. 초기 오우즈 언어는 구어체가 많이 발달했으나, 13세기 이후로 문어체가 발달하기 시작했다. 아제르바이잔인은 아제르바이잔어 외에도 페르시아어와 러시아어를 구사하는 경우가 많다.

고대 아제르바이잔인은 애니미즘과 토테미즘, 조상령을 믿었다. 이후 조로아스터교가 유입되었으며 4세기 이후에는 기독교가 전파되었다. 7세기 이후에는 이슬람교가 전파되어 아제르바이잔인의 대다수가 무슬림이다. 아제르바이잔에는 전 세계 이슬람교도의 대다수를 차지하는 수니파보다 시아파가 더 많다. 현재 아제르바이잔인은 이슬람교 외에도 조로아스터교, 불교, 기독교, 바하이교를 믿는 이들도 있으며, 이슬람 이전의 튀르크 민간신앙 중 하나였던 애니미즘을 믿는 이들도 있다.

### 페르시아 문화에서 튀르크 문화로

아제르바이잔은 다양한 문화를 지니고 있다. 역사적으로 튀르크계 민족이 유입되기 이전까지 아제르바이잔 문화는 페르시아의 영향 아래 있었다. 이후 오우즈 튀르크족이 유입되어 아제르바이잔은 페르시아어와 아랍어 대신 튀르크어를 구사하기 시작했고, 조로아스터교에서 이슬람교를 받아들이면서 튀르크 문화권을 형성하게 되었다. 따라서 아제르바이잔인은 같은 오우즈 튀르크가 주 민족인 터키와도 언어적, 문화적으로 유사점이 많다. 그러나 전통신앙이나 풍습에는 여전히 페르시아 문화의 영향이 남아 있으며, 구소련 시절에는 아제르바이잔 문화에 러시아 문화가 대량 유입되었기 때문에, 현재도 아제르바이잔인 중에는 러시아어를 구사하는 사람이 많다.

### 음악을 사랑하는 아제르바이잔인

아제르바이잔인은 노래를 매우 좋아하는 민족으로 그들의 삶 속에 펼쳐진 다양한 경험을 노래로 표현해왔다. 수백 년에 걸쳐 민요에 희로애락을 담았으며 이를 기반으로 아제르바이잔 전통음악이 탄생했다.

아제르바이잔 전통음악에서 빠질 수 없는 것이 바로 무감Muğam 이다. 무감은 9~10세기에 생겨나 14세기 중앙아시아, 중동 지역에서 유행한 민속음악의 한 형태다. 무감은 지역 문화를 바탕으로 형성되었는데, 악기 연주와 함께 즉흥시 또는 전통시가 등이 구연되며 구성이 매우 복잡하다.

고샤나가라(좌)와 발라반(우)
(자료: 위키피디아). ⓒ MrArifnajafov

무감에서 연주되는 악기는 대개 발현악기 중 하나인 타르tar, 바이올린과
비슷한 카만차kamança, 관악기의 일종인 발라반balaban, 타악기이며 탬버
린과 비슷하게 생긴 데프dəf, 그리고 북과 같이 두드려서 소리를 내는 고
샤나가라Qoşanağara로 구성된다. 19세기 말부터 20세기 초까지 아제르바
이잔 수도인 바쿠와 아르메니아 동부, 아제르바이잔 남서부 지역 사이에
있는 가라바그Qarabağ, 아제르바이잔의 도시인 시르반Şirvan에 무감을 가
르치는 학교가 있었다. 무감은 2003년에 유네스코 인류 구전 및 무형유
산 걸작으로 선정되었다.

　무감은 비단 전통음악으로 그친 것이 아니라, 다양한 형태로 창조되
고 재해석되고 있다. 세계 각지의 유명한 음악가들이 참석한 2009년 국
제 무감 축제에서 아제르바이잔 음악이 널리 알려진 바 있다. 또 2012 유
로비전 음악 경연대회(유럽방송연맹 회원국의 각 대표단이 노래, 춤 등을 선
보이고, 시청자가 투표를 하여 우열을 가리는 유럽 지역 노래 경연대회. 시청자
들은 자국의 대표단에게 투표할 수 없으며, 우승한 대표단의 나라에서 다음 경연
대회가 열린다)가 바쿠에서 열렸는데, 아제르바이잔 대표로 나온 사비나

무감을 소재로 한 우표와 실제 연주자의 사진. 사진에서 보면 오른쪽이 카만차, 가운데가 타르, 왼쪽이 데프다.

바바예바Səbinə Babayeva라는 가수가 무감을 현대적으로 해석한 「음악이 잦아들어갈 때When The Music Dies」를 불러 화제를 모았다. 사비나 바바예바는 전통 타악기와 무감의 창법을 가미하여 노래를 불렀으며, 이 노래에는 무감 음악의 최고봉이라 알려진 알림 가시모프Alim Qasımov를 비롯해 아제르바이잔의 정상급 음악가들이 참여했다. 이러한 지속적인 노력과 홍보 덕분에 무감은 아제르바이잔인의 대표적인 음악 장르로 자리매김했다.

## 아제르바이잔인의 다양한 음식 문화

아제르바이잔 음식은 수 세기 동안 그 지역에서 생겨나고 지나갔던 제국과 민족의 영향을 받았다. 페르시아와 튀르크, 러시아 음식 문화의

과일과 고기를 얹은 플로프
(자료: 위키피디아). ⓒUrek Meniashvili

아제르바이잔인 식사
(자료: 위키피디아). ⓒMrArifnajafov

영향을 받았으며 아르메니아 음식 문화와도 유사한 점이 많다. 또 아제르바이잔인의 음식 문화는 원주민 이외에도 터키, 아랍, 중국과 인도의 영향을 받았으며 실크로드를 통해 더욱 다채롭게 발전했다.

아제르바이잔 음식 문화의 가장 큰 특징은 음식 종류가 다양하다는 것과 자연에서 얻은 여러 재료를 쓴다는 것이다. 16세기 지역 통치자였던 압둘라 칸Il Abdulla xan Şeybani 시기 영국 여행가 앤서니 제닉슨Anthony Jenickson이 왕가의 만찬에 참석했던 기록을 통해 이를 엿볼 수 있다.

바닥에 음식들이 차려졌다. (내가 아는) 모든 종류의 음식들이 놓였다. 음식들은 그 종류에 따라 (밀가루 요리, 샐러드, 수프, 고기요리, 돌마, 후식, 음료 등으로) 나뉜다고 한다. 내가 얼추 세어보니 약 140가지에 가까운 음식이 있었다. 음식을 먹고 난 얼마 후에 음식들이 치워졌고, 다시 새로운 음식이 차려졌다. 이번에는 150가지에 육박하는 디저트와 과일들이 있었다. 이렇게 나는 290가지의 음식을 맛볼 수가 있었다.

지역 통치자의 식사라는 점을 고려한다면 과장된 면이 있겠지만, 이 기록을 통해 옛 아제르바이잔인의 음식 문화가 얼마나 다채롭고 화려했는지를 알 수 있다.

　　풍요로운 땅에서 언제나 과일과 채소를 얻을 수 있는 환경이 아제르바이잔인의 식탁을 풍요롭게 했으며, 이 덕분에 조리법과 조리기구가 다양하다. 아제르바이잔인의 주식은 텐디르Təndir라고 불리는 화덕에서 만든 빵이며, 전통 음식은 고기류, 채소류, 유제품, 밀가루를 사용한 음식과 플로프(볶음밥의 일종), 그리고 수프로 나뉜다. 아제르바이잔인은 여러 재료를 사용하여 음식을 만든다. 이들은 다양한 곡류를 사용한 플로프를 즐겨 먹는데, 그 종류는 백여 가지가 넘으며 양고기, 생선, 닭고기, 말린 과일, 우유, 달걀 등을 사용한 플로프가 대표적이다. 또한, 피망이나 고추, 가지 등의 채소 속을 파서 안을 채워 찌거나 구워 먹는 돌마dolma는 그 종류가 서른 가지가 넘는다.

　　아제르바이잔인이 즐기는 디저트로는 페이스트리의 일종인 파클라바Paxlava와 견과류, 각종 씨앗과 설탕, 그리고 밀가루로 만드는 쉐키 할바Sheki Halva 등이 있다. 파클라바와 할바는 터키와 중동 지역에서도 널리 사랑받는 디저트다. 음료로는 홍차를 많이 마시는데, 산딸기, 장미, 체리, 가지, 토마토, 수박, 호두 등으로 만든 잼이나 초콜릿, 비스킷 종류 등의 단것을 같이 곁들여 먹는다.

　　아제르바이잔이 있는 카스피 해 연안에는 천연자원이 많이 매장되어 있을 뿐만 아니라 이곳은 철갑상어의 주 서식지다. 이곳에서 잡은 철갑상어로 세계적 진미 중 하나인 캐비어(철갑상어의 알을 소금에 절인 식품)를 만드는데, 아제르바이잔은 캐비어 대량 수출국 중 단연 으뜸으로, 캐

바쿠 구시가지에서 바라본 처녀의 성. ⓒ신진희

비어의 천국이라고도 불린다. 아제르바이잔을 비롯해 러시아, 이란 등이 캐비어를 수출하는 주요 나라다. 이 외에도 아제르바이잔은 목화, 사프란, 올리브, 견과류, 실크, 목화, 카펫 제품이 유명하다.

### 충돌과 화합의 세월을 지나온 아제르바이잔인

아제르바이잔인이 사는 캅카스 지역은 수천 년의 긴 역사가 있는 곳으로 여러 민족이 거주했었고 또 거쳐 갔던 민족의 통로다. 아제르바이

금속 공예 장인. ⓒ 신진희

잔인은 여러 문화권의 흥망성쇠를 함께 겪었으며, 여러 민족의 터전이었던 캅카스 연안에 터전을 잡았다. 그 주변으로 조지아와 아르메니아가 국가를 형성했으며, 그 밖에 여러 소수민족이 자치공화국이나 자치주를 구성하고 있다.

현재에도 이곳은 동서 세력권이 충돌하는 국제정치의 전략적 요충지인 동시에 카스피 해의 석유 자원과 동서 물류의 중심에 있어서 경제적으로도 매우 중요하다. 문화적으로도 아제르바이잔인은 튀르크족이 대다수를 차지하는 터키와 함께 튀르크 문화권의 핵심 축이라 할 수 있다. 아제르바이잔인은 러시아와 페르시아의 문화적 요소도 두루 갖고 있으며, 종교적으로도 이슬람 문명과 기독교 문명이 교차하는 충돌지역이자 완충지대에 살아왔다.

아제르바이잔인은 과거 서구 열강의 각축장이었으며 현재도 강대국들이 영향력을 행사하기 위해 많은 노력을 기울이는 기회의 땅에 살고 있다. 아제르바이잔이 국제사회, 경제, 정치, 그리고 종교에 있어서 수많은 외적 갈등과 내적 갈등을 넘어 세계의 평화와 안정에 이바지하게 될 그날을 기대해본다.

참고문헌

러시아인, 세계사적 변혁과 역경을 이겨낸 민족

세르게이 표도로비치 플라토노프. 『러시아사 강의 1』. 김남섭 옮김. 파주: 나남, 2009.

임영상. "러시아인의 음식 문화". 『음식으로 본 서양문화』. 임영상·최영수·노명환
    편. 서울: 대한교과서, 2003.

위키피디아 백과사전 영어판(https://en.wikipedia.org/wiki/Russians)

위키피디아 백과사전 러시아어판(https://ru.wikipedia.org/wiki/%D0%F3%F1%F1%
    EA%E8%E5)


벨라루스인, 구속받지 않는 사람들

2010년 러시아인구조사 결과(Итоги Всероссийской переписи населения 2010 г).

벨라루스 공화국 공식 사이트(http://www.belarus.by)

Народы России. Атлас культур и религий. Отв. ред. А.В. Журавский, О.Е. Казьмина.
    М., 2008.

Этническая история народов Севера. Отв. ред. И.С. Гуревич. М., 1982.

Энциклопедия "Народы России". Гл. ред. В.А. Тишков. М.: Большая Российская
    энциклопедия, 1994.

http://www.etnolog.ru/people.php?id=BELO

http://lastrada.by/belarusians-abroad/


우크라이나인, 동과 서의 갈림길에 선 민족

우크라이나 통계청 Укрстат: Демографічна ситуація у січнілистопаді 2014 року.

Украинцы. Отв. ред. Н.С. Полищук, А.П. Пономарёв. М.: Наука, 2000.

Гончарова, Т.А. Историческая динамика этнической культуры//Вестник Томского
    государственного университета. № 336(2010).

## 몰도바인, 5000년 전부터 포도를 경작하던 사람들

몰도바 공화국 공식 사이트(http://www.moldova.md/)

Молдаване. Отв. ред. М.Н. Губогло, В.А. Дергачев. М., 2010.

Этнология. Отв. ред. Е.В. Миськова, Н.Л. Мезедов, В.В. Пименов. М., 2006.

http://www.moldovenii.md/

http://www.etnolog.ru/

## 에스토니아인, 스카이프를 탄생시킨 IT 선두 민족

*Statistical Yearbook 2014*. Statistics Estonia. 2014.

웹페이지: 위키피디아 백과사전 영어판

웹페이지: Freedom on the net 2012

웹페이지: Dentsu Communication Institute, Japan Research Center(2006)

## 라트비아인, 청정 자연 속 전통문화를 이어가는 민족

http://otvetila.ru/laboratornye/latyshi/

http://www.gumer.info/bibliotek_Buks/Psihol/krusko/03.php

http://www.hrono.ru/etnosy/baltika/latyshi.php

http://www.etnolog.ru/people.php?id=LATY

http://en.wikipedia.org/wiki/Latvia

http://atury.ru

http://nptravel.kz

http://detym.samddn.ru

http://pribalt.info

http://xape.fond72.ru

http://www.latvia.travel

http://forum.awd.ru

http://www.votpusk.ru

http://www.feetgroup.ru

http://russiancouncil.ru

http://peopleandcountries.ru

http://www.oneoflady.com

http://fudz.ru

http://nacekomie.ru


리투아니아인, 한국인과 많이 닮은 한과 흥을 지닌 민족

최대석.『유럽의 중앙, 리투아니아』. 서울: 재승출판, 2010.

http://en.wikipedia.org/wiki/History_of_Lithuania

https://ru.wikipedia.org/wiki/%CB%E8%F2%E2%E0

https://ru.wikipedia.org/wiki/%D0%9B%D0%B8%D1%82%D0%B2%D0%B0_(%D
0%BF%D0%BB%D0%B5%D0%BC%D0%B5%D0%BD%D0%B0)

http://rushist.com/index.php/ilovajskij-1/1243-nachalo-istorii-litvy

http://www.liveinternet.ru/users/2010239/post325429280/

카자흐인, 유라시아 대륙 유목민족의 후예

Agadjanian, Victor. "Post-Soviet Demographic Paradoxes: Ethnic Differences in Marriage and Fertility in Kazakhstan." *Sociological Forum*, Vol.14, No.3 (1999).

Akier, Shirin. *Islamic Peoples of the Soviet Union*. London: KPI, 1986.

Bhavna, Dave. "Politics of Language Revival: National Identity and State Building in Kazakhstan." Ph.D. Dissertation, Syracuse University, 1996.

Martha Brill Olcott. *The Kazakhs*(Second Edition). Stanford, California: Hoover Institution Press, 1995.

Schatz, Edward. "The Politics of Multiple Identities: Lineage and Ethnicity in Kazakhstan." Europe-Asia studies, Vol.52, No.3(2000).

Этнический атлас Узбекистана(Ethnic Atlas of Uzbekistan). Ташкент: Open Society Institution Assistance Foundation Uzbekistan, 2002.

Кабульдинов, З. Е. Народ Казахстана: История и Современность.

Астана: Издательствр Арман-ПВ, 2007.

우즈베크인, 중앙아시아 고대 문화의 전승자

http://www.narodru.ru/peoples-page2.html

http://www.gov.uz/ru/media/index/1

http://vostokcafe.com/tradisionnoe-jilishe-i-ego-obstanovka.php

https://ru.wikipedia.org/wiki/%D3%E7%E1%E5%EA%E8
http://www.orexca.com/rus/uzbek_custom.shtml
http://www.asia-travel.uz/uzbekistan/cuisine/samsa/


투르크멘인, 카라쿰 사막을 누비던 용맹한 기마민족

최한우. 『중앙아시아 연구』. 서울: 펴내기, 2004.

황영삼. "투르크멘인들의 자민족 역사인식: 역사적 정통성 확립과 문화유산 복구사
    업을 중심으로". 『KIEP 전략지역 심층연구 논문집1: 중앙아시아 정치·사
    회·역사·문화』. 서울: 대외경제정책연구원, 2010.

Adrienne Lynn Edgar. *Tribal Nation*. Princeton University, 2004.

Ahmet Gökçimen. *Türkmen Atasözlerinde* At. Erzurum: A.Ü. Türkiyat
    Araştırmalar ı Enstitüsü Dergisi, Say ı 28 2005.

Atavatan. Türkmenistan. International Journal of Turkmenistan, April 2015.

Erdal Cayar, Ebru Erkan. *The Turks of Eurasia*. TICA, 1996.

https://commons.wikimedia.org/wiki/File:Achaltekkiner.jpg(검색일: 2016.6.25.)


키르기스인, '중앙아시아의 스위스'에 사는 산악인

Akier, Shirin. *Islamic Peoples of the Soviet Union*. London: KPI, 1986.

"Traditional dress of Kyrgyzstan." http://www.thelovelyplanet.net/traditional-dress-
    of-kyrgyzstan/

"Yurt Art: Tush Kyiz." http://www.yurtart.com/whatarethey.html

Этнический атлас Узбекистана(Ethnic Atlas of Uzbekistan).

Кабульдинов, З. Е. Народ Казахстана: История и Современность.

Астана: Издательствр Арман-ПВ, 2007.

Каралев, С. "Манас" эпосу. 2010.

"Манас эпосу." https://ky.wikipedia.org/wiki/Манас_эпосу

Кыргызстан тарыхы-История Кыргызстана. https://vk.com/kyrgyz_taryhy


타지크인, 페르시아 제국 유산의 계승자

Akier, Shirin. *Islamic Peoples of the Soviet Union*. London: KPI, 1986.

Bergne, Paul. *The Birth of Tajikistan: National Identity and the Origins of the*

*Republic*. London: I.B.Tauris & CO Ltd, 2007.

Этнический атлас Узбскистана(Ethnic Atlas of Uzbekistan). Ташкент: Open Society

      Institution Assistance Foundation Uzbekistan, 2002.

Кабульдинов, З. Е. Народ Казахстана: История и Современность.

Астана: Издательствр Арман-ПВ, 2007.

Navruz https://www.facebook.com/Navruz.int

Explore Tajikistan https://www.facebook.com/exploretajikistan?fref=photo

## 조지아인, 장미와 와인을 닮은 민족

새뮤얼 헌팅턴. 『문명의 충돌』. 이희재 옮김. 서울: 김영사, 1997.

엄구호. 『유라시아 지역의 국가·민족정체성』. 서울: 한울, 2010.

외교부. "조지아 개황", 2008.

재레드 다이아몬드. 『총, 균, 쇠』. 김진준 옮김. 서울: 문학사상, 2005.

Вахушти Б, История Царства Грузинского. Тбилиси, 1976.

Урушадзе, А. Т. Взаимодействие культур на Кавказе в конце XVIII-первой половине

      XIX вв. Ростов-на-Дону, 2011.

"Советский союз. Грузия." Москва, 1967.

Журнал "Националь", май 2004, № 2.

http://www.firecenter.ru/

http://www.georgiatimes.info/articles

http://georgia-travel.ru/

http://www.onlinedics.ru/slovar/geo/s/gruzija.html

http://www.remontpozitif.ru/

http://russian7.ru

https://ru.wikipedia.org/wiki/

http://womanadvice.ru/gruzinskaya-nacionalnaya-odezhda

## 아르메니아인, 기독교를 최초로 받아들인 캅카스의 유대인

김혜진. "아르메니아 디아스포라의 형성과 모국과의 관계에 대한 연구". 『슬라브학

      보』, 제24권, 제4호. 서울: 한국슬라브학회, 2009.

아르메니아 정부 공식 사이트 http://www.gov.am

http://www.armenia.am

http://group.galatravel.org/ru/node/61

Лэнг, Д. Армяне. Народ-созидатель. М., 2009.

Толстов, С.П. Очерки общей этнографии. том 2, выпуск 2. М., 1968.

http://www.gov.am

http://www.armenia.am

http://group.galatravel.org/ru/node/61

아제르바이잔인, 성스러운 불의 수호자

Ali Abbas Çınar. *Türk dünyası halk kültürüüzerine araştırma ve incelemeler.* Muğla Üniversitesi, 1996.

GANJA GROUP. *Azerbaijani Carpets.* Baku: Azerbaijani National Academy of Sciences, 2012.

Musa MARJANLI. *Baku Symphony.* Dubai: IRS Publishing House, 2015.

Musa MARJANLI. *Discover Azerbaijani* IRS Heritage, 2(21), Summer, 2015.

Nergiz Şakir-Zade Kanyılmaz. *Azerbaycan ve Türkiye'nin müzik kültürü arasındaki karşılıklı ilişkiler.* 1995.

Erdal Cayar, Ebru Erkan. *The Turks of Eurasia.* TICA, 1996(검색일: 2016.6.25.)

http://atkev.org/

https://az.wikipedia.org

https://az.wikipedia.org/wiki/Mu%C4%9Fam

https://az.wikipedia.org/wiki/Qo%C5%9Fana%C4%9Fara

http://www.azerbaycankulder.org

https://en.wikipedia.org/wiki/Atropates

https://en.wikipedia.org/wiki/Yanar_Dag

http://mct.gov.az/

https://az.wikipedia.org/wiki/Plov

http://www.discoverazerbaijan.az/

| 편 저 |

**김 혜 진** | 한국외국어대학교 러시아연구소 HK연구교수 _ 책임저자

한국외국어대학교 노어과를 졸업하고, 모스크바국립대 역사학부에서 석·박사학위를 받았다.
인하대학교 국제관계연구소에서 연구교수를 지냈으며, 현재 한국외국어대학교 러시아연구소
HK연구교수로 재직 중이다. 주요 저서 및 논문으로는『러시아의 민족 I: 북서부 & 볼가-우
랄 편』,「러시아 내 공화국의 토착민족어 복원 노력과 실제: 핀-우그르 민족공화국을 중심으로」,
「코미-이제메츠 문화적 독자성의 기반: 순록사육업을 중심으로」,「러시아 내 아르메니아 디아
스포라의 형성과 특징」등이 있다. 러시아 내 다양한 민족들의 삶과 문화에 대해 연구하고 있다.


| 지은이 |

가나다순

**김 민 수** | 한국외국어대학교 러시아연구소 HK교수

한국외국어대학교 노어과에서 언어학 전공으로 박사학위를 받았고, 러시아 치타국립대에서
철학으로 박사학위를 받았다. 한국외국어대학교와 이르쿠츠크국립대 등에서 강의를 했고, 통
번역사로 활동하기도 했다. 현재 한국외국어대학교 러시아연구소 HK교수로 재직 중이다. 러
시아어 의미론과 러시아인의 민간신앙, 러시아 내 소수민족의 신앙과 의례에 관심을 두고 연구
하고 있다.


**김 상 철** | 한국외국어대학교 중앙아시아연구소 연구교수

전 알파라비 카자흐국립대 한국학과 강사(1997~1998년, 2001~2007년)를 지냈다. 중앙아시
아의 다양한 민족 집단의 형성과 발전, 이들 간의 상호관계 및 이를 바탕으로 이루어진 중앙아
시아 다민족, 다문화사회의 변화를 중심으로 연구하고 있다.


**김 은 희** | 한국외국어대학교 강사

한국외국어대학교 노어과와 동 대학원을 졸업하고 모스크바국립대에서 알렉산드르 솔제니친
에 대한 논문으로 박사학위를 받았다. 번역서로는『현대러시아문학과 포스트모더니즘』(제1권,
제2권),『겨울 떡갈나무』,『금발의 장모』,『나기빈 단편집』등이 있으며, 저서로는『그림으로
읽는 러시아』,『나는 현대 러시아작가다』(공저) 등이 있다. 시베리아 소수민족의 원형스토리를
발굴, 번역하는 프로젝트를 수행했으며 러시아 문화와 문학에 대한 글을 발표하고 있다.

**문 준 일** | 국립경상대학교 인문학연구소 연구원

한국외국어대학교 노어과와 동 대학원을 졸업하고, 모스크바국립대에서 예브게니 자먀찐에 대한 연구로 문학박사를 받았다. 국립경상대학교 인문학연구소 연구교수를 거쳐 연구원으로 있다. 논문으로「러시아 상징주의 소설시학의 특징들」,「포스트소비에트 문학공간의 탈경계화」등이 있으며,『전함 팔라다』,『사할린 한인사』를 번역했다. 초기 한러 관계사에 대한 인문학적 접근이 요즈음 관심을 가지는 연구주제 중의 하나다.


**박 미 령** | 한국외국어대학교 강사

러시아문학 전공. 한국외국어대학교 노어과 졸업 이후 동 대학원에서 박사학위를 받았다. 한국외국어대학교, 경희대학교 등에서 강의하고 있다.「지배 이데올로기와 영웅서사시 브일리나」,「레프 톨스토이의 아동작품에 내재된 문학적 가치와 철학적 사고」,「아동문학의 다성성과 카오스모스: 우스 스끼의『악어 게나와 그의 친구들』을 중심으로」등의 논문을 발표했고, 옮긴 책으로는『키시』등이 있다.


**변 군 혁** | 한국외국어대학교 미네르바 교양대학 교수

한국외국어대학교 노어과에서 언어학 전공으로 박사학위를 받았다. 한국외국어대학교와 연세대학교 등에서 강의를 했고, 러시아연방 내 사하공화국에서 한국어 교사로 근무하기도 했다. 현재 한국외국어대학교 미네르바 교양대학 교수로 재직 중이다. 러시아어 음성학과 문화에 관심을 갖고 있으며,「러시아어 자음 탈락의 최적성 이론 분석」을 비롯한 다수의 논문을 발표했다.


**양 민 지** | 한국외국어대학교 중앙아시아연구소 연구교수

한국외국어대학교 터키-아제르바이잔어과와 동 대학원을 졸업하고 터키 국립에르지예스대에서 튀르크와 한국인의 생사관에 대한 연구로 문학박사학위를 받았다. 에르지예스대에서 외국인 전임강사를 거쳐 한국외국어대학교 중앙아시아연구소 연구교수로 있다.


**이 은 경** | 한국외국어대학교 러시아연구소 초빙연구원

한국외국어대학교 노어과를 졸업하고 동 대학원에서 러시아문학 석·박사학위를 받았다. 경상대학교와 이화여자대학교에서 선임연구원으로 재직했으며 현재 한국외국어대학교에서 강의하고 있다. 러시아 유대인의 문학과 예술에 관심을 갖고 있으며「러시아 제국의 이단아 남서문학: 오데사 문학에 나타난 유대인, 피카로, 언어를 중심으로」와「소비에트의 유대 작가들: 경계인으로서의 다중 정체성과 그 예술적 실현」등을 비롯한 다수의 논문을 발표했다.

한울아카데미 1921

한국외국어대학교 러시아연구소 HK 연구사업단 학술연구총서 23

# 민족의 모자이크, 유라시아

ⓒ 김혜진 외, 2016

편  저 I 김혜진
지은이 I 김혜진·김민수·김상철·김은희·문준일·박미령·변군혁·양민지·이은경
펴낸이 I 김종수
펴낸곳 I 한울엠플러스(주)

편집 I 김진경

초판 1쇄 인쇄 I 2016년 9월 21일
초판 1쇄 발행 I 2016년 9월 26일

주소 I 10881 경기도 파주시 광인사길 153 한울시소빌딩 3층
전화 I 031-955-0655
팩스 I 031-955-0656
홈페이지 I www.hanulmplus.kr
등록번호 I 제406-2015-000143호

Printed in Korea.
ISBN 978-89-460-5921-4 93900 (양장)
ISBN 978-89-460-6219-1 93900 (반양장)